미스터리 탐정 신문

인류의 역사를 뒤흔든 가짜 진실로부터 살아남기!

역사 속 진실과 거짓

글 이자벨 루비오
그림 아르노 클레르몽
실뱅 도랑주
조안 파팽
옮김 박선주

책과콩나무

미스터리 탐정 신문

미스터리 세계에 오신 것을 환영합니다!

역사와 미스터리 사건에 관심이 많나요?
수수께끼와 탐정 수사를 좋아하나요?
꼭 소설 같은 실제 이야기를 좋아하나요?

이 책은 그런 여러분을 위한 책이랍니다!

공룡은 무엇 때문에 사라졌을까요?
클레오파트라에 관한 모든 이야기가 사실일까요?
철가면 죄수는 과연 누구였을까요?
가라앉지 않는다고 자신만만했던 '타이태닉호'는
왜 출항 5일 만에 침몰했을까요?
역사 이야기 속에는 미스터리와 오류, 거짓이 가득하답니다.

선사시대부터 현대까지 열네 개의 이야기를 준비했어요!
역사가, 천문학자, 수학자, 의사들 사이에서 큰 논쟁이 된
미스테리한 사건 이야기예요!
사람들은 사건을 두고 때로는 거짓말을 지어내기도 했어요!
거짓말 속 진실을 찾는 일이 쉽지만은 않지만,
어떤 사건들은 차츰 진실이 밝혀지고 있는 중이랍니다!

이제, 진실과 거짓을
가려낼 준비가 되었나요?

차 례

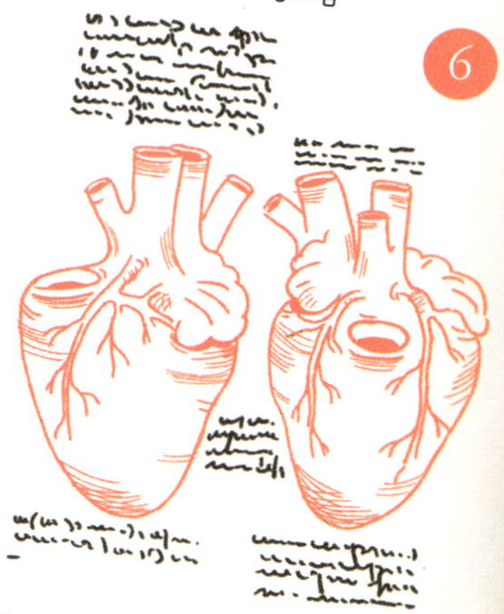

8

크리스토퍼 콜럼버스, 과연 그가 아메리카 대륙을 발견했을까?

아메리카, 1492.

A.클레르몽 그림

9

철가면, 그 뒤에 과연 누가 숨었을까?

프랑스, 17세기.

A.클레르몽 그림

유람선 '타이태닉호'
영국 선박 '화이트스타라인'
유람선, 빙하와 충돌하다
뉴펀들랜드 근처서 2,700명의 승객이 구조됨

10

침몰 불가능한 타이태닉호

대서양, 1912.

S. 도랑주 그림

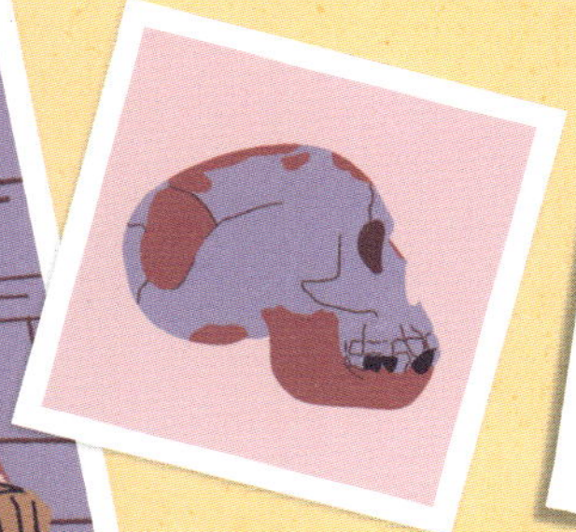

11

필트다운에서 인간을 발견하다

영국, 1912~1953.

J. 파팽 그림

12

가짜 도시 파리를 건 도박

프랑스, 1917.

A.클레르몽 그림

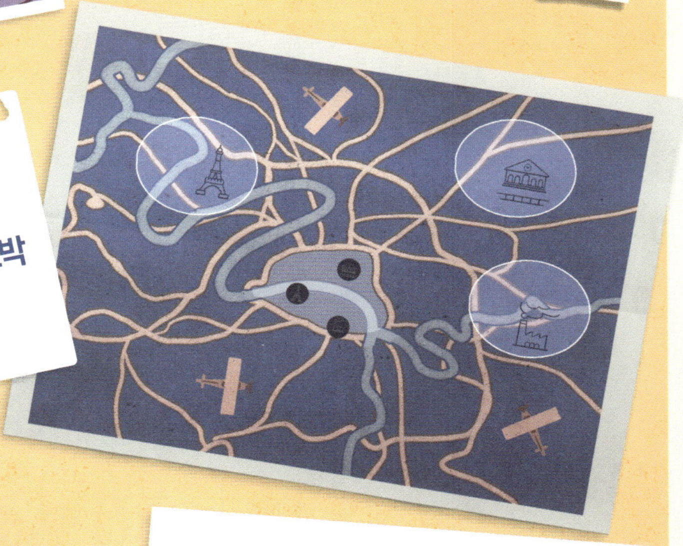

13

화성인들의 침공!

미국, 1938.

J. 파팽 그림

14

상륙 작전, 사실인가 거짓인가?

유럽, 1943~1944.

S. 도랑주 그림

공룡들의 죽음, 대대적 조사

공룡 멸종과 관련해서 특이한 견해가 20세기 내내 떠돌았어요. 공룡이 지구 환경에 적응하지 못해 서서히 사라졌다고요.

그러나 오늘날에는 오히려 공룡이 지구의 큰 변화에 잘 적응했다고 평가해요. 심각한 위기가 많았는데도 살아남았기 때문이죠. 공룡은 사실 1억 5천만 년 가까이 대륙 이동, 화산 분화, 기후 변화와 같은 큰 변화에도 살아남았어요. 그렇다면 이렇게 강한 공룡들이 멸종하게 된 이유는 무엇일까요?

공룡은 어디에나 있었다!

공룡들은 어떤 기후를 막론하고 지구상의 모든 지역에서 번식했어요. 파충류인 공룡은 종류가 수천 종에 달했고, 초식 공룡과 육식 공룡으로 나뉘었어요. 오늘날 700여 종의 공룡 뼈가 발견되었어요. 아마 앞으로도 다양한 종류의 공룡 뼈가 발견될 거예요.

별난 생각들!

많은 사람이 이 문제를 놓고
깊이 생각했어요.
여러 가지 방식으로
설명했지요.

또 다른 사람은 공룡이 진화해서 점점 더 몸집이 커졌고, 따라서 알을 점점 더 높은 곳에다 낳았는데, 그만 알이 떨어져 다 깨지는 바람에 번식이 안 되었다고 설명하기도 했어요!

어떤 사람은 치명적인 바이러스 또는 공룡을 전부 다 죽일 만큼 독성이 강한 꽃이 있었을거라고 짐작했어요.

또 어떤 사람은 조심성 없는 작은 포유동물들이 공룡 알을 다 깨뜨렸을 거라고 상상했어요.

이런 이유들이라면 공룡 전체가 멸종한 것을 설명할 수가 없어요. 그러다 과학적이고 그럴 듯한 이유가 등장했는데, 두 가지가 점차 힘을 얻었어요.

이 두 가지 가설을 사이에 놓고 격렬한 논쟁이 벌어졌어요.

첫 번째 가설 | 화산 때문에?

수백만 년 동안 지구에서 사는 일은 매우 불안했어요. 화산들이 수백만 년 동안 분화 중이었거든요! 아주 많은 양의 용암이 분출되었어요. 용암이 흘러내리면서 점차 식고 단단해져 '트랩'이라는 계단식 산을 만들었어요. 오늘날에도 시베리아나 에티오피아, 인도 같은 곳을 비롯해 세계 여러 지역에서 이런 산을 볼 수 있어요. 지질학자들은 이런 산이 형성될 때마다 지구에 큰 위기가 닥쳤을 것이라고 추측해요. (생물 종이 대량으로 사라졌을 거예요.) 시베리아 트랩은 기원전 2억 5천만 년 전에 지구에 위기가 오면서 형성되었어요. 인도에 있는 데칸 트랩은 기원전 6,600만 년 전 위기와 함께 형성되었고요. 이처럼 거대한 화산 폭발과 함께 온 큰 위기 상황에서 공룡이 멸종했을지도 몰라요.

두 번째 가설 | 불가사의한 규산염 지층…

옛날에 살았던 지구의 생명체들에 관해서는 땅 속에 묻혀 있는 화석을 통해서 알 수 있어요. 과학자들은 6,600만 년 전 '오래된' 지층에 관심을 가졌어요. 1970년대에 여러 나라(이탈리아, 덴마크, 멕시코…) 출신으로 구성된 과학자들이 오래된 지층을 발견했어요. 이 귀중한 규산염 지층 아래서 수많은 종, 그리고 이 지층 위에서 한두 종의 흔적이 발견되었어요. 이것이 백악기의 끝과 제3기의 시작을 알리는 유명한 'K-T경계층'이에요. 이러한 발견에 미국의 지질학자 월터 앨버레즈와 물리학자인 그의 아버지 루이스 월터는 무척 관심을 가졌어요. 그들은 이 진흙층 샘플을 분석했고, 믿을 수 없는 결과가 나왔어요. 이 진흙층에는 이리듐이 많이 포함되어 있었는데, 이리듐은 지구에 떨어진 운석들에 있는 금속이었거든요! 결국 연구자들은 1980년에 놀라운 가설을 내놓았어요. 6,600만 년 전에 지구에 떨어진 운석 때문에 공룡이 멸종하게 되었을 것이라는 이론이었어요! 이것은 과학계에 돌풍을 불러일으켰어요. 이 이론을 부정하는 수많은 과학자가 있었지만 앨버레즈 부자는 주장을 굽히지 않았어요. 증거만 제시하면 되었지요.

분화구 발견!

과학자들은 어마어마한 계산을 했어요. 지구상에 있는 이리듐의 양을 측정해 운석의 지름이 10킬로미터임을 추론해 냈어요! 다시 말해, 거대한 '우주의 돌'이 지구에 충돌해 만들어 낸 분화구의 지름이 200킬로미터임을 뜻했어요! 그런데 그 분화구는 과연 어디에 있을까요? 젊은 미국인 앨런 힐데브렌드가 미국 남부에서 그 K-T 경계층이 포함된 지형을 연구했어요. 그는 계산한 결과 그 부근에 분화구가 있을 거라고 예측하면서 멕시코 쪽으로 가까이 갔어요. 1991년 분화구가 발견되었어요! 유카탄 반도의 '칙술루브'라는 작은 항구 부근이었어요.

'급속한' 멸종

과학자들은 지구의 역사를 큰 시기들로 구분해요. 각 시기는 대 재난과, 그로 인해 동물과 식물을 포함한 생물 종이 반 이상 사라짐으로써 끝이 나요. 지구의 역사는 이런 식으로 계산되고 이야기 할 수 있어요. 공룡은 백만 년도 안 되는 시기에 '급속하게' 멸종했으리라 추측해요. 정확한 시기를 알 수는 없지만 아마 수만 년 만에 사라졌을 거예요.

54,000만 년
생명체 급증

25,000만 년
트리아스기

23,500만 년
공룡 출현

20,500만 년
쥐라기 초

13,500만 년
백악기 초

6,600만 년
공룡의 멸종
포유류 번성

700만 년
초기 인류

대재앙 시나리오

상황을 재구성해 보면 6,600만 년 전 지름이 10킬로미터쯤 되는 운석이 초속 20킬로미터(시속 72,000킬로미터)의 속도로 지구를 향해 돌진해요. 2초 만에 지구 대기권을 통과해 유카탄이라는 작은 반도에 충돌하고 대서양으로 침몰하면서 엄청난 해일을 일으키지요. 지상에 충돌할 때 만들어진 구덩이는 지름이 140킬로미터에 깊이는 1킬로미터에 달하고, 운석이 떨어지면서 일으킨 충격은 히로시마 원자폭탄의 50억 배나 되었대요! 시속 1,000킬로미터의 강풍이 불기 시작하고요. 지진과 화재, 쓰나미가 연쇄적으로 발생해요.

연쇄적 죽음

수백 킬로미터 내의 모든 게 불타고 생명체가 사라졌어요. 구체적으로 어떤 일이 벌어졌을까요? 거대한 운석은 지구에 떨어지면서 대기 중으로 엄청나게 많은 돌덩어리를 분출했어요. 흙과 모래가 섞인 엄청난 먼지 구름이 여러 달 또는 여러 해 동안 지구를 덮어 어둡게 만들었어요. 햇빛을 쬐지 못해 식물들이 죽고, 이어서 초식 동물이 죽고, 그 다음에 육식 동물이 죽었어요. 무게가 25킬로그램 이상인 동물들은 거의 다 지구상에서 사라졌어요. 주로 땅속에서 살며 어두운 곳에 적응하고 몸집이 작은 잡식성 포유동물들만 살아남았어요.

과연 누구의 가설이 맞을까요?

6,600만 년 전 화산 분출이 아주 오래 지속되었고 거대한 운석이 멕시코에 떨어졌어요. 이 두 사건은 확실히 공룡의 멸종과 관련이 있을 거예요. 하지만 공룡이 멸종하는 데 이 두 가지 사건이 각각 어느 정도 영향을 미쳤는지 오늘날 정확히 알지는 못해요. 화산이 폭발해 공룡의 수가 줄고, 그 뒤 운석이 충돌해 공룡이 완전히 사라졌을까요? 그랬을 수도 있어요. 이에 대한 연구는 진행 중이에요.

공룡이 전부 다 사라졌을까요?

중요한 물음이 남아 있어요. 과연 공룡이 정말로 전부 다 사라졌을까요? 1990년대 말경 다수의 과학자가 주장했어요. 공룡은 새의 모습으로 살고 있다고 말이죠! 완전히 사라진 공룡은 새 종류가 아닌 '비조류' 공룡뿐이에요. 따라서 오늘 날에도 새의 형태로 남아 있는 공룡은 진화 과정에 있어 최종 승리자라고 할 수 있어요. 2억년 이상 '혈통'을 이어 왔으니까요.

시조새라는 증거

1861년 독일의 고생물학자 헤르만 본 마이어는 새 화석을 발견해, '아르카이옵테릭스'(오래된 날개라는 뜻)라고 이름 붙여요. 길이가 약 60센티미터인 이 공룡 새는 쥐라기 말에 살았어요. 날개가 매우 발달해 오늘날의 새에 가까웠지요. 하지만 이 시조새의 골격은 두 발 달린 작은 공룡과 흡사해요. 시조새 화석은 새의 조상이 공룡이라는 증거가 되지요!

스톤헨지, 거대한 불가사의!

스톤헨지는 전 세계 인류의 고대 유적지 중 가장 유명해요. 영국 남부에 있는 이 유적지에는 매년 방문객이 백만 명 이상 다녀가지요. 이 유적지의 의미나 건설 방법에 관해 아직도 풀리지 않는 점이 많아요. 20세기 초반 이후 스톤헨지를 계속 연구해 온 고고학자들이 무엇을 발견했을까요? 여전히 수수께끼로 남아 있는 점들은 무엇일까요?

스톤헨지를 함께 거닐어 봐요

스톤헨지('올려놓은 돌들'이라는 뜻의 영어) 유적은 런던에서 서남쪽으로 140킬로미터 떨어져 있는 솔즈베리 평야에 있어요. 이것은 하늘을 향한 채 거의 완벽한 원 모양으로 둘러 세운 매우 큰 선돌(자연석이나 약간 다듬은 돌기둥)이에요. 이 선돌은 매우 단단한 셰일(휘록암)으로 되어 있어요. 선돌의 높이는 6미터이고 무게는 7톤에서 45톤까지 나가요. 원형 내부에는 이와는 또 다른 암석인 유문암으로 만들어진 돌들이 세워져 있어요. 이 돌은 안쪽의 돌보다는 작고 '가벼워서' 무게가 5톤이 넘지 않아요. 그리고 습기 때문에 푸른빛을 띠어서 '블루스톤'이라 불려요. 어떤 선돌 위에는 가로 돌(상인방)이 얹혀 삼석탑을 형성해요. 이 돌들은 원형으로 늘어서 있어요. 그 뒤에는 비탈과 구덩이들이 또 다른 원을 그려내고 있지요.

기원전 8,000년부터

기원전 8,000년부터 이 자리는 인간이 차지했어요. 수많은 들소(현재는 사라진 유럽산 들소들)가 여기서 풀을 뜯어먹고 사냥하는 인간들에게 잡혔어요. 기원전 4,000년경부터 인간은 이 평야에서 곡식을 재배하고 가축을 키우기 시작했어요. 영적인 생활도 시작해서 곡식을 많이 수확하게 해 달라고 신들에게 빌고, 죽은 사람을 매장하는 의식도 치렀어요.

초석

오늘날 남아 있는 스톤헨지 유적의 모습은 건축과 해체, 재건축을 여러 차례 반복한 결과물이에요. 기원전 3,000년경에 스톤헨지의 원형 구덩이와 비탈이 처음으로 만들어졌어요. 안쪽에 이중 블루스톤 서클이 세워졌어요. 기원전 2,500년경에 전부 다 해체된 후, 기둥과 덮개돌들이 결합된 셰일 서클로 대체되었어요. 안쪽 서클의 다듬은 블루스톤들은 원형으로 배치되어 있어요. 고고학자들은 이 돌들이 다른 지역에서 옮겨 온 것임을 밝혀냈어요. 셰일은 스톤헨지 유적지에서 북쪽으로 30킬로미터 떨어진 말버러 산에서, 블루스톤은 서쪽으로 250킬로 미터 정도 떨어진 웨일스 지방의 프레슬리 산에서 옮겨왔죠!

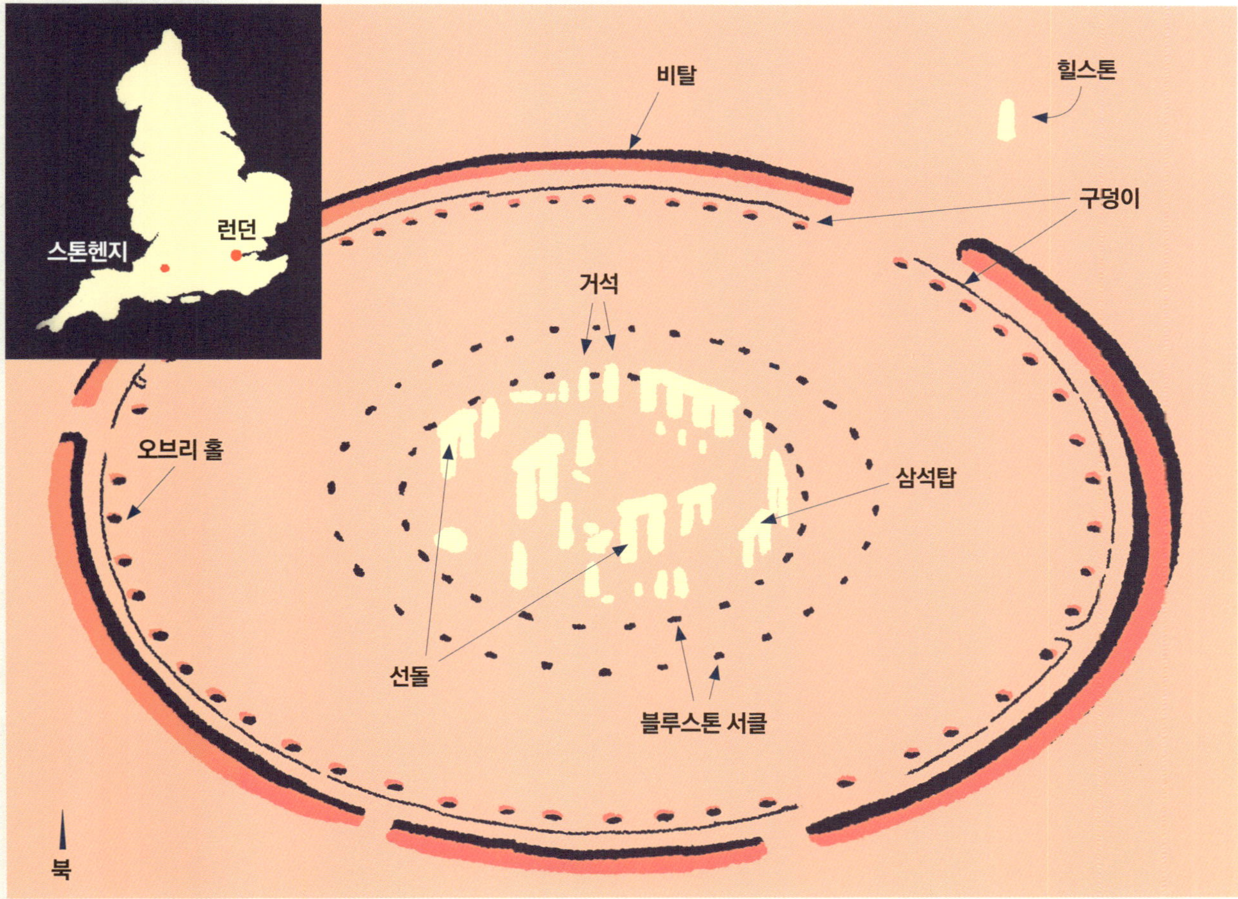

스톤헨지, 가짜일까?!

스톤헨지 유적은 1901년부터 1964년 사이에 여러 차례 보수되었어요. 케임브리지 대학의 고고학자 크리스토퍼 치펀데일은 "거의 모든 돌이 위치가 바뀌고, 콘크리트 위에 세워졌다."고 말했어요. 여러 돌이 다시 세워지고 삼석탑 중 하나는 1958년에 새로 설치되었어요. 그렇다고 해서 스톤헨지를 가짜라고 말할 수 있을까요? 이건 논의해 봐야 할 문제예요! 실제로 어떤 사람들은 "복원이라는 것은 다 거짓이다."라고 주장해요. 또 어떤 사람들은 기념물을 계속 볼 수 있으려면 때때로 보수해야 하는데, 중요한 것은 원본에 가능한 한 충실하게 복원하는 거라고 생각해요.

불가사의한 운반

스톤헨지의 돌을 운반한 방법과 관련해 여러 가지 가설이 있어요. 블루스톤은 해안 길을 따라서 수로로, 그 다음엔 육로로 운반했을까요? 돌에 기름칠한 목재 레일을 따라 사람이 끌었을까요? 아니면 소가 끌었을까요? 최근에 새로운 가설이 추가되었어요. 속을 파낸 나무줄기에 베어링 같은 기구를 장착해 돌을 운반했을 거라는 추측이에요. 땅속에서 지름이 (페탕크 쇠공과 크기가 같음) 동일한 돌로 만든 공들이 다수 발견되어 이 가설을 뒷받침해 주고 있어요.

하지만 현재로서는 어떤 가설도 확실하지는 않아요. 다만 돌을 운반하는 데 분명 수십 년간 수천 명이 노동해야만 했을 거예요. 어쩌면 이러한 노동이 어떤 의식의 한 부분이었을 가능성도 있어요.

스톤헨지의 용도는 무엇이었을까요?

어떤 사람들은 스톤헨지를 천문 관측소인 동시에 천문학적 달력이라고 추측해요. 스톤헨지 연구의 선구자 윌리엄 스터클리는 1741년, 하지(북반구에서 낮이 가장 긴 날)와 동지(북반구에서 낮이 가장 짧은 날) 때 햇빛이 스톤헨지에 비추면서 힐스톤을 향해 있는 삼석탑 하나를 통과한다는 사실에 주목했어요. 1965년 제럴드 호킨스는 스톤헨지가 월식을 예측하는 천문 계측기 역할을 했다고 주장했어요. 스톤 헨지가 의미 없이 만들어졌다고 할 수 없지만 당시 인류에게 그런 천문 계측기를 개발할 정도로 발달한 고도의 천문 지식이 있었다고 말할 수는 없어요.

거대한 무덤

스톤헨지는 묘지였어요. 그곳에서 인간의 뼈가 아주 많이 발견되었어요. 가장 오래된 뼈는 스톤헨지가 처음 만들어졌던 기원전 2,800년 전까지 거슬러 올라가요. 이 유적지 근처에서 발견된 뼈를 분석한 결과 당시 사람들이 독특한 장례 의식을 치렀다는 사실이 드러났어요. 죽은 사람의 살을 벗기고 목을 자르고 닦은 다음에 뼈를 묻었어요. 누가 매장되었을까요? 특별한 혈통이나 왕족의 일원? 아니면 스톤헨지를 건설한 사람들? 이들은 유적지에서 아주 가까운 더링턴이라는 마을에서 살았을 거예요. 이곳에서 동물의 뼈와 축제 후에 남은 것들을 비롯해 완전한 한 마을의 흔적이 발견되었어요. 고고학자들은 에이번 강이 삶을 상징하는 목재로 건설된 우드헨지와 죽음을 상징하는 석재로 된 스톤헨지 사이의 경계였을 것이라는 가설을 내놓았어요.

제단

스톤헨지는 치료 목적의 사원이나 제단으로도 쓰였을 거예요. 다치거나 병이 있는 환자들이 블루스톤이 가진 마법의 힘을 믿고서 치료를 받기 위해 이곳에 왔을 거예요. 그리고 바로 그 때문에 사람들이 블루스톤을 찾아 아주 먼 곳까지 갔을 거예요. 스톤헨지에서 사람을 희생 제물로 바치기도 했어요.

마법사 멀린? 또는 드루이드 사제?

스톤헨지의 건설 방식과 그 기능과 관련해 기발한 이론이 아주 많이 있어요. 중세에는 마법사 멀린(상상의 존재예요!)이 아일랜드에 건설했다가 거인의 도움을 받아 영국으로 옮겨왔을 것이라는 생각이 떠돌았어요. 17세기 영국의 학자 존 오브리는 스톤헨지를 드루이드라는 신관들이 만든 신전이라고 주장했어요. 드루이드는 켈트족의 철학자이자 사제들이었어요. 그러나 스톤헨지는 영국에 켈트족이 오기(기원전 5세기) 훨씬 전에 만들어졌어요. 따라서 스톤헨지의 초기 쓰임새는 드루이드 사제와는 아무 상관이 없어요. 그들이 나중에 사용했을지는 몰라도 말이죠.

거대한 묘지의 중심?

2014년 '스톤헨지, 가려진 풍경'이라는 연구 프로젝트가 진행되어 유적의 전체 모습이 드러나기 시작했어요. 우물과 반죽통, 긴 구덩이와 같은 15개의 유적이 새로 발견되었어요. 매우 넓은 구덩이도 발견되었어요. 구덩이는 멀리서도 보이게 불을 언제나 켜 두는 용도로 쓰였을 거예요. 이 점은 스톤헨지가 선사 시대에 인간의 삶을 상징하는 중요한 지표였다는 의견을 뒷받침해 줘요.

스톤헨지 유적에서 북쪽으로 700미터 떨어진 곳에 기원전 3,500년 전에 만들어진 3킬로미터나 되는 긴 구덩이가 발견되었어요. 이 구덩이는 무엇에 쓰였을까요? 어떤 사람들은 행렬을 위한 길이었다고 생각했어요.

스톤헨지의 마법은 계속된다

20세기와 21세기에 이르러 스톤헨지 유적지는 순례지가 되었어요. 1970년대에는 이곳에서 히피족 축제까지 개최되었어요! 오늘날에는 하지가 되면 드루이드교 의식을 행하고 있어요. 중앙에 있는 삼석탑이 태양과 일직선상에 놓이는 광경을 보기 위해서 관람객 수천 명이 모여 들어요. 스톤헨지의 마법과 신비는 계속 이어지고 있지요!

스톤헨지 궁수의 미스터리

1978년, 스톤헨지 구덩이에서 키가 1미터 78센티미터인 젊은 남자의 뼈가 따로 발견되었어요. 남자는 기원전 2,300년 즈음 죽은 사람이에요. 그와 함께 손목 보호대 하나와 규석으로 된 화살촉 세 개가 있었어요. 그래서 그 뼈의 주인공에게 '스톤헨지의 궁수'라는 별명이 붙었는데, 실제로 화살의 표적이 된 사람은 바로 그 남자였어요. 화살들은 각기 다른 방향이지만 매우 가까운 거리에서 당겨졌어요. 남자의 죽음을 어떻게 설명할 수 있을까요? 이것과 관련해서도 여러 가지 가설이 공존해요.

신들에게 뭔가를 요구하거나 감사하기 위해 바쳐진 인간 제물이었을 것이라는 가설도 그중에 하나예요. 어떤 사람들은, 스톤헨지라는 신성한 장소를 침입했기 때문에 벌로 죽임을 당했을 것이라고 생각하기도 했어요. 하지만 많은 가설 중에서 어떤 이야기가 진짜인지 밝혀내기는 불가능해요.

궁수를 묘사한 그림

트로이 사람들, 거대한 목마를 받아들이다

이것은 고대 그리스 로마 시대의 이야기예요. 여러 명의 시인이(『오디세이』를 쓴 호메로스, 『아이네이스』를 쓴 베르길리우스) 소재로 다루기도 했어요. 트로이인과 그리스인이 싸웠던 트로이 전쟁의 막바지 때 사용된 전술 이야기이기도 하죠. 대단한 모험가이자 꾀가 많은 군인인 오디세우스가 유명한 고대 도시였던 트로이로 들어갈 때 이 전술을 사용했어요.

사실일까? 아니면 허구일까?

트로이 전쟁은 기원전 1,250년경에 일어났어요. 호메로스는 『일리아드』, 『오디세이』를 기원전 800년경에 썼고요. 이 두 편의 서사시는 역사적 사실에서 영감을 받았지만, 특별한 한 명 또는 여러 시인의 영향을 받은 것도 사실이에요. 몇몇 사람들은 이 유명한 서사시들을 호메로스 혼자, 더욱이 그가 직접 썼다는 점에 의문을 제기하기도 해요.

모든 일이 납치에서 시작되다

인간 세상에서 가장 아름다운 여인이었던 헬레네는 스파르타의 왕 메넬라오스의 아내였어요. 그런데 트로이의 왕자 파리스가 사랑의 여신 아프로디테에게서 허락을 받고 아름다운 그녀를 납치해서는 부왕 프리아모스가 통치하는 트로이로 데려갔어요.

오디세우스와 메넬라오스는 헬레네를 도로 데려오기 위해 협상을 시도했지만 트로이인들을 거절했어요. 이로 인해 10년간 이어지는 전쟁이 시작되지요. 메넬라오스는 헬레네 왕비를 보호하겠다고 약속한 그리스의 여러 도시의 왕들과 연합해 트로이에 맞서요. 메넬라오스의 형 아가멤논이 그리스 연합군의 총지휘자로 선택되었어요.

10년 전쟁

군함을 건조하는 데 10년이 걸렸어요. 함대 건조를 막 마치자 역풍이 불어 배들이 움직이지 못했어요. 이어, 9년 동안 그리스 군은 트로이를 끈덕지게 공격했어요. 그러나 트로이는 거대한 성벽과 단련된 군인들 덕에 잘 버텼어요. 바로 여기서부터 트로이 전쟁 말기를 다룬 『일리아드』의 이야기가 시작되어요. 그리스 군대는 내부에서 수많은 분쟁이 일어나 세력이 약해졌어요. 이때 오디세우스가 아이디어를 하나 냈어요. 그 계략 이야기가 『오디세이』와, 베르길리우스의 『아이네이스』(기원전 1세기)에 등장해요.

버려진 목마

트로이 주변에서 그리스 군인들이 더는 보이지 않았어요. 바닷가에 엄청나게 큰 목마 하나만 남아 있었어요. 그리스 군이 트로이에 밀사를 보내서 전쟁을 끝내고 싶다고 알렸어요. 목마는 평화를 기원하는 선물이라고 했어요. 사실, 그리스 군은 근처에 있는 테네도스 섬에 숨어 있었어요. 그리고 그리스를 돕는 스파이가 목마 선물을 받아들이라고 트로이 사람들을 설득했어요. 목마는 트로이를 보호하는, 지혜의 여신 아테네가 주는 선물이기도 하다고 설명했죠. 거대한 목마는 확실한 보호를 나타내는 증거물이라고 말이죠.

속임수를 경고하는 징조들

목마는 트로이 사람들을 불안하게 만들었어요. 어떤 사람들은 선물을 받아들이는 데 찬성했어요. 하지만 경계하는 사람들도 있었어요. 파리스 왕자의 누이 카산드라는 목마가 트로이를 멸망시킬 것이라고 예언했어요. 그러나 아무도 그녀의 예언을 믿지 않았어요. 아폴론 신전의 신관 라오콘은 이렇게 경고했어요. "나는 그리스인이 선물을 가져오는 것조차 두렵다." 라오콘은 목마를 불태우라고 재촉하여 요구했는데, 갑자기 바다에서 뱀 두 마리가 올라와 라오콘과 두 아들을 에워싸 숨통을 끊어 버렸어요. 트로이 사람들은 이 광경을 보고 마침내 그리스인들의 선물을 받아들이기로 결정했어요.

군인들이 숨어 있는 목마

목마 안에는 스무 명가량의 그리스 군인들이 숨어 있었어요. 목마는 크기가 엄청나게 커서 트로이 도시를 둘러싼 성벽 문보다 높았어요. 그래서 트로이 사람들은 성벽 일부를 부수고 목마를 들여와야 했어요!

전쟁이 끝나고 평화가 왔음을 축하하는 잔치가 열렸어요. 군인들과 시민들은 마음껏 먹고 마셨어요. 하지만 헬레네는 어쩐지 의심스러웠어요. 목마에 다가가 그리스 군인의 아내 목소리를 흉내 냈어요. 목마 안에 있던 오디세우스는 그녀의 계략을 간파하고는 군인들에게 소리 내지 못하게 했어요. 도시에 밤이 찾아오자 목마 안에 있던 그리스 군인들은 오디세우스의 지휘 아래 밖으로 나와 도시의 성문들을 다 열고 근처에 숨어 있던 부하들을 끌어들였어요. 트로이는 약탈당하고 불에 탔어요. 왕족들은 살해당하고 헬레네는 메넬라오스에게 돌려보내졌어요.

과연 트로이는 실제로 존재했을까?

18세기에 이르러, 호메로스와 베르길리우스의 작품들을 읽은 독자들이 트로이 도시의 유적을 찾기 위해 여행을 시작했어요. 대학의 연구자들도 이 무리에 합류했어요. 1871년 독일의 고고학자 하인리히 슐리만이 지금의 터키가 된 곳에서 하나 또는 여러 채의 성채 잔해(지금까지 트로이 유적지는 1에서 9까지 발굴되었어요)를 발견했어요. 그 현장에서 여러 도시들이 발굴되었어요. 한 도시가 무너지고 난 뒤(화재나 지진, 전쟁 등의 이유로), 그 자리에 다시 새로운 도시가 건설되었어요. 호메로스가 묘사한 트로이는 기원전 13세기에서 12세기에 세워졌던 유적지 7에 해당돼요.

고대 그리스 로마 시대 때 트로이는 주민이 만 명에 달하는 큰 도시 국가였어요. 무역로들의 교차점에 위치했기 때문에 번성했고, 그 때문에 분쟁이 많이 일어났을 거예요.

‘트로이의 목마’는 어떻게 되었을까?

언어 표현 한 개인이나 단체가 무엇인가를 파괴하기 위해서 가면을 쓰고 들어가는 속임수나 작전을 가리켜요.

스파이웨어 컴퓨터에 침투해 정보를 변경하고 파괴해요. 해커들이 변형시킨 허가받은 소프트웨어일 수도, 또는 다운로드 받은 사이트에서 옮겨온 무료 소프트웨어일 수도 있어요.

하나의 교훈 트로이 전쟁에서 이 장면은, 물론 오디세우스가 상상해 낸 전술이지만 트로이 사람들이 선물을 받아들임으로써 스스로 파멸을 끌어들였음을 뜻하기도 해요. 이처럼 이 이야기는 스스로 한 선택이 자신의 운명에 어떻게 영향을 미치는지 보여 줘요.

하늘에 관한 굉장한 수수께끼들

하늘이란 무엇일까요? 지구는 어떻게 유지되고 있을까요? 그리고 태양은요? 날마다 어떻게 뜨고 지면서 움직일까요? 이 모든 것을 이해하기 위해서 많은 가설과 예측이 나타났고, 수많은 오류가 발생했지요! 하늘을 이해하기 위해서 사람들이 고대부터 고민해 온 이야기를 들어 보세요.

평평할까? 아니면 둥글까?

지구에 사는 우리는 거대한 구체 위에서 살고 있다는 사실을 감지하기가 불가능해요. 처음에 사람들은 지구가 끝없이 크고 넓은 바다에 떠 있는 평평한 원판처럼 생겼다고 여겼어요! 그러다가 기원전 5세기 그리스의 철학자이자 수학자인 필롤라오스는 지구의 형태가 둥글며, 제우스 신이 사는 '중심부의 불' 주위를 돈다고 주장했어요. 그는 과학과 종교적 믿음을 뒤섞었지만, 낮과 밤이 번갈아 나타나는 현상을 처음으로 설명했어요. 지구가 돌기 때문에 점차 밝아지다가 어두워지는 현상이 차례로 일어난다고 말이죠.

증거!

유명한 그리스 철학자 아리스토텔레스(기원전 4세기)는 월식을 관측하면서 지구가 둥글다는 사실을 증명해요. 『천체론』에 다음과 같이 썼어요. "월식은 지구가 달 앞에 놓여 달의 일부 또는 전부를 가리는 현상인데, 이때 달의 경계선이 곡선인 것은 결국 지구의 모양이 곡선임을 뜻한다."

지구가 중심인가? 아니면 태양이 중심인가?

그런데 아리스토텔레스는 지구를 우주의 중심으로 보았어요. 지구 주위로 달과 태양, 다른 행성들이 돈다고 생각했죠. 이처럼, 그의 옳은 가르침과 함께 틀린 가르침은 그리스를 넘어 폭넓게 확산되었어요.

기원전 3세기경 아리스타르코스가 태양이 우주의 중심이라고 주장했을 때, 당시만 해도 독특했던 그의 견해에 관심을 갖는 사람은 거의 없었고, 그는 곧 비판받았어요. 그러나 처음으로 완전한 진리가 밝혀졌어요. 곧 지구는 스스로도 돌고, 반면에 움직이지 않고 한 자리에 있는 태양 주위도 돌아요.

만일 지구가 정사각형이라면…
기원전 350년경에 작성된 아리스토텔레스의 『천체론』에서 발췌
이 그림은 지구가 둥글다는 것을 보여 준다.
만일 지구가 정사각형이라면
월식 때 달에 비치는 그림자도 정사각형일 것이다.
"지구가 정사각형이라면
월식 때 달에 비치는 그림자도
정사각형일 것이노라."

1,400년 동안 오류에 빠지다

고대 학자들은 지구가 돈다는 생각을 받아들이지 않았어요. 지구가 움직인다면 왜 우리가 느끼지 못할까요? 그리스의 천문학자이자 점성가인 프톨레마이오스는 하늘을 한 축을 중심으로 돌고 있는 거대한 구로 보았어요. 중심에 있는 지구는 움직이지 않고, 태양을 비롯해 다른 행성들이 지구 주위를 돈다고 말이죠. 프톨레마이오스의 이런 우주관은 『알마게스트』라는 책에 담겨 있어요. 이 책은 거의 1,400년 동안 과학의 '표준'으로 여겨졌어요. 이 가설이 태양의 '움직임'을 언급하는 성경 내용에 부합하다고 생각했어요.

코페르니쿠스

이때까지 하늘과 우주에 관한 연구는 수학을 이용하거나 맨눈 관찰로 이루어졌어요. 16세기가 되어서야 새로운 도구들이 개발되었어요. 15세기 말 이탈리아 볼로냐의 젊은 학생이었던 니콜라우스 코페르니쿠스는 스승인 수학 교수 도메니코 마리아 드 노바라의 가르침 덕에 지리학과 천문학에 열심이었어요. 도메니코는 프톨레마이오스의 견해에 의심을 품고 있는 학자였어요.

성당 내의 천문대

코페르니쿠스는 폴란드로 돌아갔어요. 프라우엔 부르크 성당 꼭대기에 천문대 관측소를 마련해서 열심히 연구했어요. 그는 도메니코와 마찬가지로 지구가 우주의 중심이라는 견해(지구중심설)에 동의하지 않았어요. 1511년부터 자신의 이론을 주장하는 소논문을 쓰기 시작했지요. 거기서 태양이 우주의 중심이며, 지구가 태양 주위를 돈다고(태양중심설) 소개했어요. 하지만 신중을 기해서, 그 책을 가까운 몇몇 사람에게만 알려 주었어요.

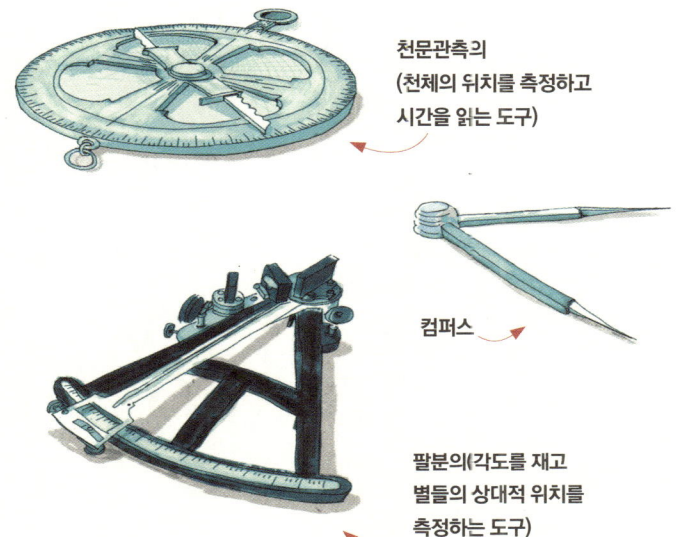

천문관측의
(천체의 위치를 측정하고
시간을 읽는 도구)

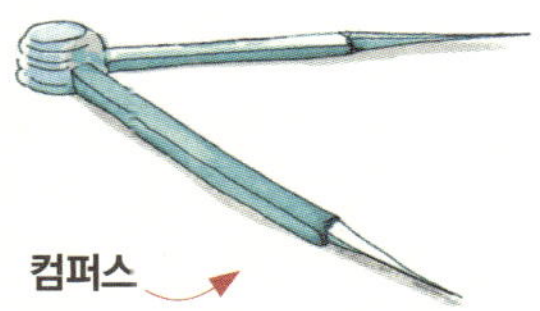

컴퍼스

팔분의(각도를 재고
별들의 상대적 위치를
측정하는 도구)

혁명!

1530년 코페르니쿠스는 또 다른 책『천구의 회전에 관하여』를 썼어요. 태양중심설을 확증하는 책으로 매우 유명해져요. 책은 오직 달만 지구 주위를 돌고, 다른 행성들은 태양 주위를 돌며, 항성들은 제자리에 고정되어 있다는 내용을 담고 있어요. 책을 많이 읽고 연구한 코페르니쿠스는 그 이전에 이런 생각을 한 사람들, 특히 사모스의 아리스타르코스에게 책을 바쳤어요. 코페르니쿠스의 책은, 그가 죽은 해인 1543년에야 출판돼요. 그 뒤로 지구중심설을 지지하는 사람들과 태양중심설을 지지하는 사람들 간의 논쟁이 벌어졌어요.

하늘에 관한 네 가지 관점

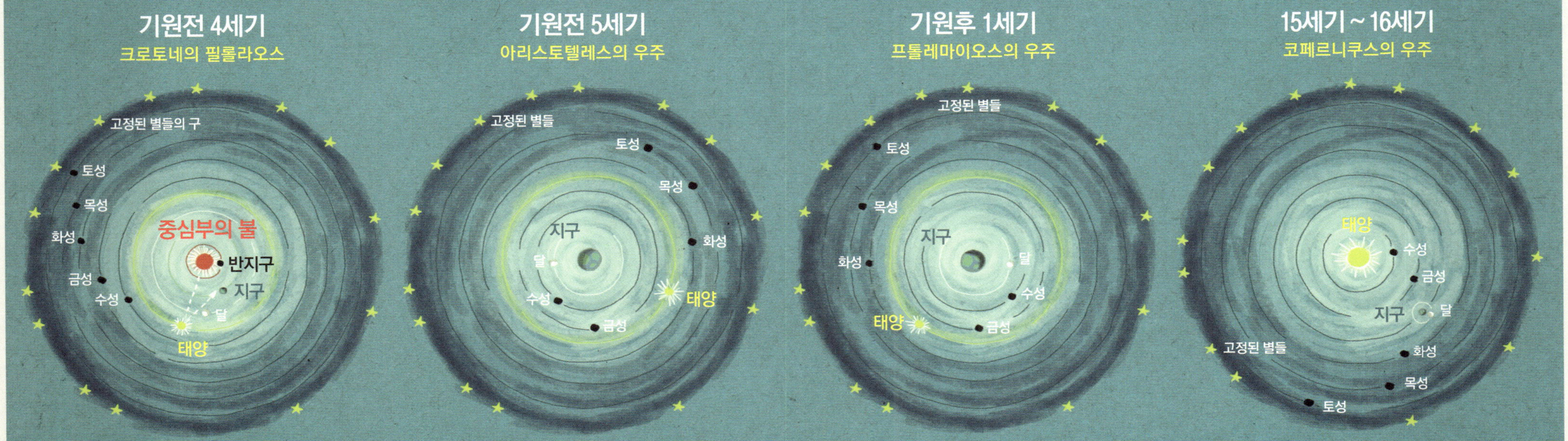

망원경을 통한 증거

17세기 초 이탈리아에 갈릴레이라는 수학 교사가 있었는데, 그는 천문학에 열정이 있었고 코페르니쿠스의 견해에 동의했어요. 어느 날 그는 네덜란드의 유리 제조인들이 만든 망원경을 알게 되었어요. 받침대에 고정시킨 망원경으로 보면 멀리 있는 물체를 두 배에서 세 배 정도 더 크게 볼 수 있었어요. 손재주가 뛰어난 갈릴레이는 이 망원경을 과학 도구로 바꿔, 물체를 1,000배 가까이 크게 볼 수 있게 만들었지요!

그의 목적은, 정말로 지구가 태양 주위를 돈다는 사실을, 코페르니쿠스의 견해가 결정적으로 옳다는 사실을 증명하는 것이었어요.

교회의 간섭

바로 그즈음인 1616년, 코페르니쿠스의 책은 나온 지 73년이 되는 해에 금서가 되어요. 그의 주장이 과학적으로 확증되려는 시기에 말이죠! 갈릴레이는 코페르니쿠스의 견해에 동의하는 입장을 고수해요. 1632년에 그런 생각을 표명하는 책을 한 권 발표하지요. 교황 우르바노 8세는 격노해서 그 책들을 전부 다 수거하라고 명령했어요. 즉시 갈릴레이에 대해 이단 소송이 제기돼요.

지구나 마찬가지인 달

갈릴레이는 망원경으로 무엇을 보았을까요? 달 표면에 산과 계곡 같은 굴곡이 보였어요. 다시 말해 달과 지구 사이에 큰 차이가 없었어요. 목성과 그 주변의 네 개의 위성들, 그리고 우리 은하의 수많은 별도 보았어요. 하늘은 우리가 과학적으로 관찰하고 설명 가능한 현상들이 일어나는 공간이었어요. 그리고 태양 주위에는 위성도 많았어요!

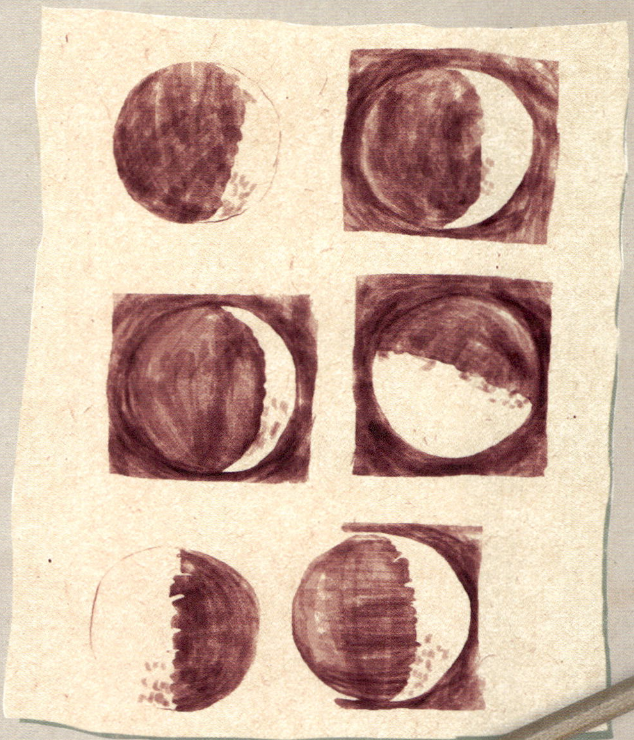

역사적인 소송

조사가 매우 빠르게 진행되었어요. 갈릴레이는 한 번 심문을 받았고, 1633년 6월 16일 판결이 떨어졌어요. 그의 책은 금서로 지정되었어요. 고문의 위협을 느낀 갈릴레이는 코페르니쿠스의 이론을 부정해야 했고요. 또 다른 사람들이 그와 동일한 '실수'를 저지르려는 시도를 하지 못하도록 그의 재판 결과는 유럽 전역에 공표되었어요. 6월 22일 꿇어앉은 갈릴레이는 한 손에 불을 밝힌 초를 들고, 다른 한 손은 성경에 손을 얹고서, 태양이 우주의 중심이며 지구가 태양 주위를 돈다는 믿음을 공개적으로 포기해야 했어요.

유죄 판결을 받은 갈릴레이

"피렌체에서 『두 우주 체계에 대한 대화』라는 제목으로 프톨레마이오스와 코페르니쿠스의 대화를 다룬 책이 출간되었는데, 거기서 당신은 코페르니쿠스의 견해를 옹호했다. 우리는 당신, 갈릴레이에게 다음과 같이 선고한다. 당신은 지구가 움직이고 태양은 정지해 있다는 잘못된 학설을 인정함으로써 이단 혐의가 매우 짙다. 그 결과, 당신은 교회에 반하는 이단적 생각과 잘못을 사람들 앞에서 충심으로 공개적으로 버리고 저주해야 한다. 그리고 당신의 크나큰 잘못을 벌하기 위해 우리는 당신의 그 책을 금서로 고시하고, 당신을 종교재판소 감옥에 투옥하기를 명령한다."

갈릴레이에게 내려진 판결문에서 발췌

결국 진실이 받아들여지다?

18세기 초, 과학적 연구가 계속되어 지구가 태양 주위를 돈다는 것이 확실하게 입증돼요. 1757년 교회는 태양중심설을 인정하는 책들에 대한 출판 금지 명령을 철회해요. 그러나 오늘날 유럽과 미국에서 정기적으로 실행하는 여론 조사에 따르면 응답자의 4분의 1 이상이, 태양이 지구 주위를 돈다고 믿는대요. 이것은 잘못된 견해가 한번 굳어지면 오래간다는 사실을 보여 주지요.

클레오파트라, 허구일까? 아니면 사실일까?

클레오파트라는 겨우 일곱 살에 이집트의 여왕이 되었어요. 사람들은 그녀가 로마의 두 황제, 율리우스 카이사르와 마르쿠스 안토니우스를 사로잡은 매력적이고 아름다우며 야심 있는 여자라는 이미지를 갖고 있어요. 많은 영화와 그림, 만화영화에서 이 역사적인 실제 인물을 신화처럼 바꾸어 버렸어요. 클레오파트라는 실제로 굉장한 삶을 살았지만 그녀에 관한 많은 이야기가 꾸며낸 것이고 왜곡되었으며, 많은 부분이 여전히 수수께끼로 남아 있어요. 고대 역사에서 독보적인 자리를 차지했던 한 여자에 관해 알아 볼까요?

어수선한 성장기

클레오파트라는 기원전 68년 아니면 69년에 태어났어요. 이집트 파라오 프톨레마이오스 12세의 딸이었고, 그녀의 생모가 누구인지는 정확히 알려져 있지 않아요. 자료가 부족해서 클레오파트라의 유년기나 청소년기에 대해서는 알려진 사실이 별로 없어요. 확실한 사실은 왕족의 삶에는 사건이 아주 많았으리라는 것이에요.

이복 자매 베레니스가 부왕의 왕권을 빼앗았을 때 클레오파트라는 열 살이었어요. 그녀의 부왕은 3년 뒤 왕권을 되찾고, 베레니스를 사형에 처해요. 그리고 기원전 51년에 죽으면서 클레오파트라에게 왕위를 물려주어 그녀가 클레오파트라 7세가 되어요.

파란 많은 통치기

클레오파트라는 기원전 323년부터 이집트를 통치한 파라오 왕가, 프톨레마이오스 가의 자손이었어요. 당시 이집트는 매우 부유했어요. 나일 강 주변이 비옥해서 곡물 수확량이 아주 많았어요. 지중해 주변에서 성장한 로마 제국이 권력을 견고히 하기 위해서 이집트의 부를 탐냈어요. 클레오파트라는 부왕의 유언에 따라서 당시 열 살밖에 안 된 남동생 프톨레마이오스 13세와 왕권을 나눠 가져야 했어요. 그리고 전통에 따라 남동생과 결혼해야 했어요. 그런데 이 부부는 사이가 좋지 않았어요. 기원전 48년, 동생이자 남편이 여러 관리와 함께 아내인 클레오파트라에 반대해 음모를 꾸몄어요. 그녀는 당시 이집트의 수도였던 알렉산드리아에서 도망쳤어요.

사랑 그리고 연쇄 살인

로마 황제 율리우스 카이사르가 알렉산드리아에 온다는 소식을 들은 클레오파트라는 몰래 알렉산드리아로 돌아왔어요. 카이사르는 이집트에 돈을 요구하러 왔어요. 그러나 프톨레마이오스 13세는 그에게 저항해 전투에 참전했다 결국 익사하지요. 클레오파트라는 카이사르와 동맹을 맺어요. 카이사르는 그녀를 이집트 여왕으로 남겨 두었고, 둘은 사랑하는 사이가 돼요.

클레오파트라는 카이사르가 있는 로마로 가요. 이집트의 왕권을 차지하기 위해서 결혼해야만 했던 막내 남동생 프톨레마이오스 14세와 함께요. 그러나 그녀는 곧 은밀하게 동생을 제거해요. 그럼에도 로마인들은 이집트 여왕은 물론이고 카이사르의 의도도 믿지 않아요. 카이사르는 기원전 44년, 양자인 브루투스에게 암살당해요. 클레오파트라는 이집트로 돌아와 아들을 낳았고, 카이사리온이라고 이름을 지어요. 그러나 그가 카이사르의 아들인지는 확실하지 않아요.

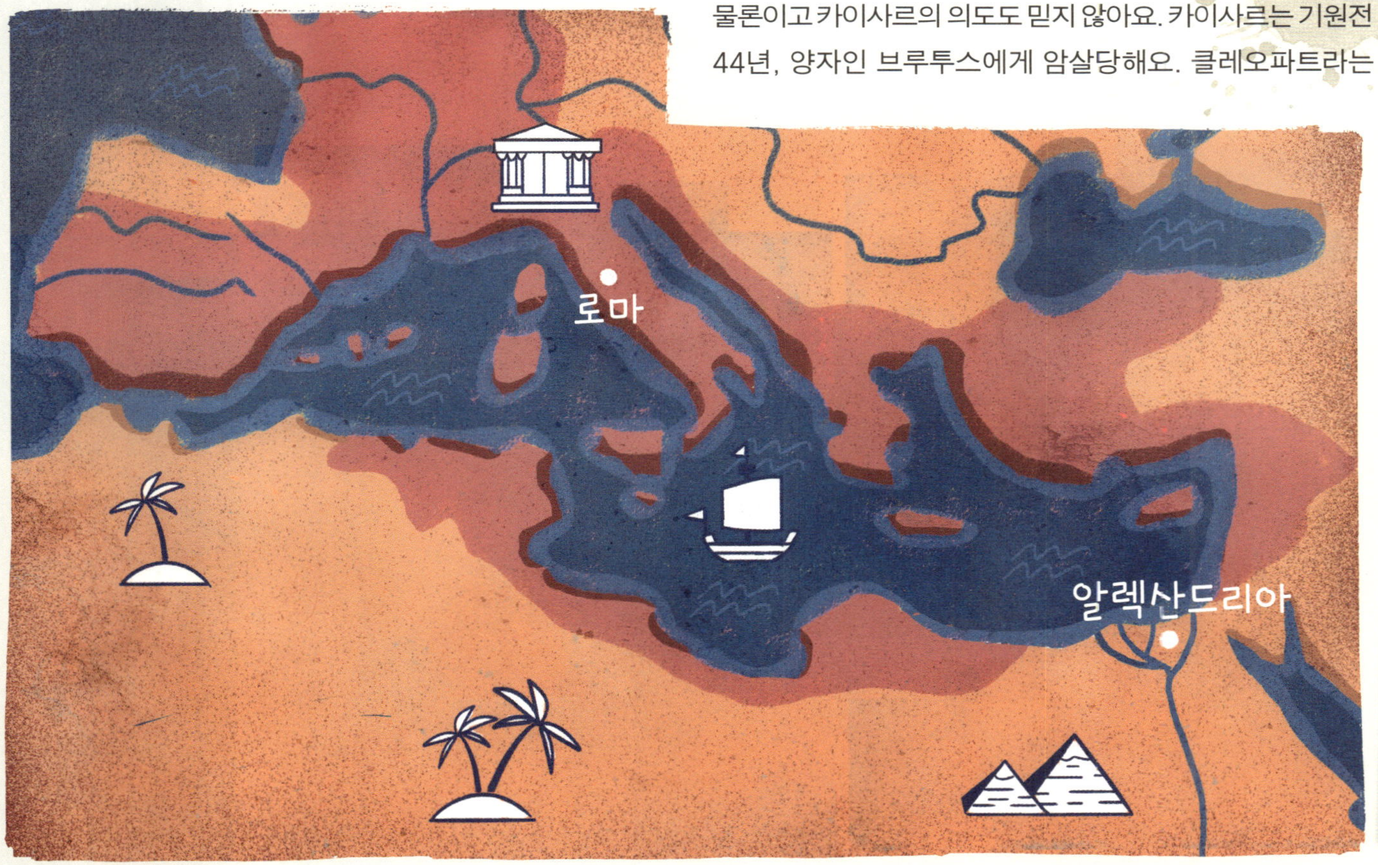

양탄자 속에?

이 장면은 영화에 등장했어요. 한 신하가 돌돌 만 양탄자 하나를 가지고 와요. 한쪽 끝을 풀자 양탄자가 좍 펼쳐지고 안에 숨어 있던 클레오파트라가 나와요! 이렇게 클레오 파트라는 알렉산드리아로 돌아오면서 율리우스 카이사르의 발 앞에 등장해요. 클레오파트라가 숨어서 돌아와야 했던 것은 사실이었을 테지만 아마 실제로는 곡식 자루에 숨어서 왔을 거예요. 낭만적이지는 않지만 분명히 효과적인 방법이었을 거예요!

마르쿠스 안토니우스와 최후의 동맹

카이사르가 죽은 뒤, 옥타비아누스와 안토니우스를 비롯해 세 사람이 로마 제국의 왕권을 나눠 가져요. 마르쿠스 안토니우스는 클레오파트라에게 마음을 빼앗겨서, 아내와 이혼하고 클레오파트라와 재혼한 뒤 알렉산드리아에 머물러요. 그들은 알렉산드로스 헬리오스, 클레오파트라 셀레네, 프톨레마이오스 필라델포스라는 세 자녀를 두어요. 클레오파트라는 안토니우스를 설득해 로마에 필적할 동양의 제국을 건설하게 하지요.

한 끼 식사에 천만 세스테르티우스 은화!

마르쿠스 안토니우스는 클레오파트라와 매우 행복한 나날을 보냈어요. 클레오파트라는 안토니우스에게 멋진 궁에서 연회를 열고 머물 거처를 따로 마련해달라고 했어요. 안토니우스는 과연 이보다 더 사치를 부릴 수 있을지 물었어요. 클레오파트라는 단 한 끼 식사로 천만 세스테르티우스 은화(당시의 화폐)를 쓸 수도 있다고 대답했어요. 그는 믿지 않았어요. 두 사람은 결국 내기를 했어요. 다음 날 클레오파트라는 성대한 식사를 준비하게 했어요. 그러고는 미리 알린 대로 엄청난 액수의 은화를 그녀 혼자서 쓸 거라고 선언했어요. 신하들이 식초를 잔에 담아 내왔어요. 그녀는 값비싼 진주를 담갔어요. 진주가 식초산에 녹았어요. 그러자 그녀는 식초 물을 마셨고, 결국 안토니우스가 내기에서 졌지요!

클레오파트라는 과연 아름다웠을까?

이런 의문은 클레오파트라가 남자였다면 분명 제기되지 않았을 거예요. 하지만 클레오파트라에게는 이런 의문이 많이 제기되었어요. 그녀가 율리우스 카이사르와 마르쿠스 안토니우스를 유혹한 것은 미모였을까요? 아니면 다른 어떤 것이었을까요? 19세기와 20세기의 영화나 연극, 회화에서는 클레오파트라를 종종 대단히 매력적인 여성으로 그리고 있어요. 하지만 고대 로마의 역사가들은 그녀를 영리하고 지적이며 야심차고 매우 교양 있는 여성으로서, 최소한 여섯 가지 언어를 할 줄 알았다고 언급했어요. 실제 그녀의 모습을 그린 초상화는 한 점도 발견되지 않았어요. 오직 동전 몇 개에 평범한 모습으로 새겨져 있을 뿐이에요. 하지만 그것으로 그녀의 실제 모습을 추론해 내기는 어려워요. 동전은 그녀의 미모보다는 권력을 드러내기 위해 그녀의 모습을 새겼기 때문이에요.

파라오 왕국의 끝

로마인들은 끝나지 않은 분쟁이 지긋지긋했어요! 기원전 31년, 그리스 서쪽 악티움 근처에서 대규모 해상 전투가 벌어졌어요. 한쪽은 옥타 비아누스가, 다른 한쪽은 마르쿠스 안토니우스와 클레오 파트라가 지휘했어요. 안토니우스는 전투에서 밀리고 있다는 것을 깨닫고 도망쳤어요. 몇 달 뒤 그는 알렉산드리아로 도피하지만, 클레오파트라가 그를 배신했다고 믿었어요. 결국 고통스러워하다가 단도로 자살했지요. 며칠 뒤 클레오파트라도 그를 따라 자살했어요.

이렇게 프톨레마이오스 왕조는 끝이 나요. 이집트는 로마의 지배를 받게 되지요.

자살인가, 타살인가?

클레오파트라의 죽음과 관련해서는 고대 로마의 역사가 플루타르코스의 글이 가장 유명해요. 그녀는 바구니에 독뱀 두 마리를 담아 가서 자살했다고 해요. 그렇게 함으로써 이집트인들의 믿음을 보여 줬는데, 그 믿음에 따르면 코브라에 물리면 영원히 살 수 있다고 해요.

다른 역사학자들도 그녀가 자살했을 것이라는 견해에 동의하지만, 덜 특이한 방법으로 독성 기름을 사용했을 거라고 추측해요. 한편 어떤 사람들은 차기 로마 황제 옥타비아누스에 의해 암살당했을 거라고 추측하기도 해요.

혈액, 어느 방향으로 순환할까?

인간의 몸은 어떻게 만들어졌을까요? 신체 내부는 어떻게 '작동'할까요? 이것을 이해하기까지 수세기가 걸렸어요. X선 촬영이나 전신 스캐너, 초음파 검진 같은 기술이 없던 옛날에는, 살아 있는 인간의 몸 속을 보기 어려웠어요. 그 때문에 많은 오류가 있었어요. 2세기의 유명한 의사였던 클라우디오스 갈레노스가 혈액 순환에 대해 설명했어요. 그 뒤로 1,500년 동안 모든 사람이 그의 설명이 맞다고 믿었어요.

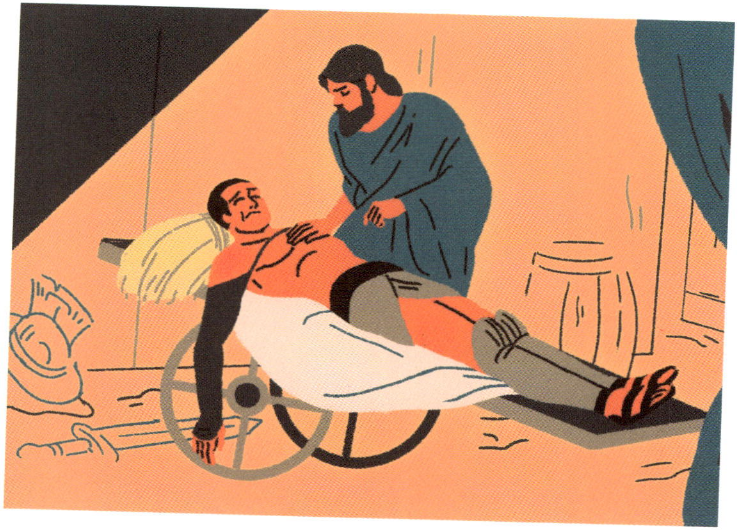

클라우디오스 갈레노스

갈레노스(130년경 ~ 201년)는 철학과 의학을 공부했어요. 로마 제국의 번영하는 도시 페르가몬에서 검투사들의 외과의사로 일하면서 온갖 종류의 부상에 대해서 많은 것을 보고 배웠어요. 그 다음에 황제 마르쿠스 아우렐리우스의 아들의 개인 주치의가 되었어요. 그러면서 공개적으로 동물(돼지나 원숭이) 해부를 하면서 의학을 가르쳤어요.

갈레노스 이전에는 어떻게 생각했을까?

고대 사람들은 동맥이 피가 아니라 공기를 운반한다고 믿었어요. 죽은 동물을 해부했을 때, 심장에서 피가 나오지 않고 멈춰서 동맥이 비어 있었기 때문이에요. 그 대신에 정맥은(특히 간에서 나오고 간으로 들어가는 정맥들) 피가 가득했어요. 따라서 간이 피를 만들어 낸다고 생각했어요.

두 종류의 혈액

2세기에 갈레노스는 살아 있는 동물들로 실험을 해서, 심장에서부터 동맥이 움직이는 장면을 실제로 보여 주었어요. 이렇게 심장의 '펌프질'을 확인하고, 동맥에 피가 있다는 사실을 증명했지요. 그러나 이런 사실에서 시작했음에도 혈액 순환에 관해 틀린 이론을 세우고 말았어요! 그의 이론에 따르면, 두 종류의 피가 있어요. 하나는 간에서 만들어져 신체 곳곳으로 흘러가는 '정맥혈'(검붉은 색)이고, 다른 하나는 폐를 통과하는 '프네우마' 덕에 온기를 품고 있는 '동맥혈'(선홍색)이에요. 그는 심장에서 혈액이 하나의 심실에서 나와 심실을 나누는 판막을 통과해 또 다른 심실로 간다고 설명했어요.

히포크라테스 시대의 신체

히포크라테스는 의학의 아버지라 불려요. 의학과 관련해 중요한 책들을 썼고 많은 사람을 치료했어요. 하지만 그가 살던 시대에는 인간의 몸에 대해 많이 알지 못했어요. 신체 내부는 물론이고 각 장기의 역할들을 알 수 없었어요. 동맥을 신경이나 힘줄과 혼동하기도 했어요. 심장의 위치도 정확히 몰랐고요. 그러다 차츰 동맥을 좀 더 가는 혈관들과 구분하게 되었고, 혈액 순환에 대해서도 조금씩 알게 되었어요.

히포크라테스, 기원전 5세기

해부와 생체 해부

신체 내부가 어떻게 작동하는지 알 수 있는 간단한 방법은 신체를 열어 보는 거예요! 이런 작업을 해부라고 해요. 동물 또는 인간의 사체 내부를 연구하기 위해서 겉 피부를 해부용 칼로 자르는 것이죠. 동물에게 행하는 생체 해부란 이러한 해부 작업을 살아 있는 동물에게 하는 것이에요. 고대에는 인간의 몸을 신성하게 여겨서 인간을 대상으로 하는 해부는 금지되었어요. 오로지 동물 해부만 허용되었지요.

불가사의한 프네우마

기원전 5세기부터 많은 학자들이 '프네우마'(그리스어로 '숨'이라는 뜻)라는 존재를 믿었어요. 형태가 없는 영이며 일종의 '생명력'이라 할 수 있는 프네우마는 우주 어디에나 존재해요. 이전의 많은 의사와 마찬가지로 갈레노스는 프네우마를 심장과 간, 뇌, 이렇게 세 개의 다른 기관에서 만들어진 세 종류로 나눴어요. 그는 프네우마가 동맥을 통해 이동한다고 생각했어요. 17세기까지도 사람들은 프네우마라는 게 있다고 믿었어요!

의심의 시작

세월이 흐르면서 사람들은 조심스럽게 갈레노스의 견해에 의문을 품게 되었어요. 13세기에 이르러 아라비아의 의사 이븐 알 나피스는 두 심실 사이의 벽, 즉 판막이 너무 두꺼워서 혈액이 한 심실에서 다른 쪽 심실로 이동할 수 없다고 주장했어요. 그러나 유럽에서는 갈레노스의 견해가 여전히 중요한 표준이 되었어요.

대가들과 인간의 시체

16세기에 이르러 마침내 해부학 지식이 발전했어요. 레오나르도 다빈치와 같은 대가들이 정밀한 해부 모형 도판을 그려 냈어요. 처음으로 인체 해부가 시작되어 인체 실험과 연구가 촉진되었어요. 이전에 갈레노스는 원숭이 사체를 연구해 인체에 대한 지식을 끌어냈었지요!

16세기의 대 해부학자 안드레아스 베살리우스가 해부를 해서 갈레노스의 견해는 실제와 다르다는 것을 증명했어요. 그는 해부학 개론서 『인체의 구조』(1543)에서 갈레노스가 잘못 안 오류들을 거의 200개나 바로잡았어요! 그래도 여전히 그는 갈레노스를 존경했어요.

금지된 해부

중세 시대에는 도덕적인 이유로 인체 해부를 거의 하지 않았어요. 프랑스 파리에서 첫 인체 해부는 15세기 말에 있었어요. 해부는 아주 제한적으로 허가를 받았어요. 대학 의사들은 1년에 4구의 시체만 해부할 '권리'가 있었죠. 하지만 많은 의사가(특히 베살리우스) 이 규정을 어기고 연구를 진행했어요. 교수대 아래서 시체를 훔치거나 무덤에서 파내다가 법정에 서기도 했지요. 결국 의학 연구 목적의 해부는 차츰 허용되었어요.

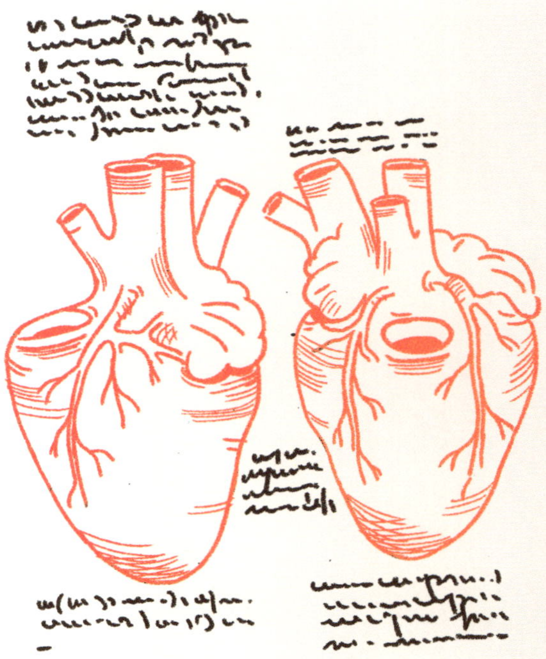

"그리 확신하지는 않는다"

안드레아스 베살리우스는 1555년에 이렇게 썼어요.
"나는 심장을 설명할 때 대부분 갈레노스의 이론을 따랐다. 모든 게 사실에 부합해서가 아니라 기관들의 새로운 기능들을 추가하기 위해서였는데, 그렇게 확신하지는 않는다. 그러나 의학의 대부인 갈레노스의 이론에서 감히 손톱만큼도 벗어나고 싶지 않다."

하비가 밝혀낸 진실

17세기 영국의 의사 윌리엄 하비는 갈레노스에 대한 비판들을 모은 뒤 자신만의 연구를 했어요. 뱀과 개구리, 도마뱀, 개, 돼지들을 갖고 수차례 생체 실험도 했어요. 인간의 몸에서 혈액이 동맥에서 정맥으로 흘러간다는 사실을 실험을 통해 증명했어요. 『동물의 심장과 혈액 운동에 관한 해부학』(1628)이라는 책에서 대체적으로 실제와 같은 혈액 순환 도식을 그려냈어요. 혈액이 심장에서 나와 동맥을 통해 몸 전체로 퍼지고 정맥을 통해 심장으로 다시 들어간다는 사실을 밝혀냈지요.

여전히 반대!

하비의 이런 견해는 영국에서는 빠르게 받아들여졌지만 프랑스에서는 그렇지 않았어요. 사람들은 하비를 비난하면서 '돌팔이' 취급했어요. 파리의 의과 대학에서는 그의 이론을 가르치길 거부하고 갈레노스의 견해를 고수했지요! 그러다가 1672년에 마침내, 루이 14세가 결단을 내려 외과의사 피에르 디오니에게 왕실 정원에서 하비의 개념들을 가르치게 했어요. 그리고 1673년 몰리에르는 자신의 마지막 희곡 『상상병 환자』를 썼는데, 거기서 갈레노스의 낡은 이론에 집착하는 우스꽝스러운 의사 디아푸아뤼를 등장시켜요.

하비를 지지하는 몰리에르

디아푸아뤼는 자기 자신과 아들의 의사로서의 자질을 자랑했어요. "나의 모범을 따르는 내 아들은 모든 점이 다 마음에 들지만 그중에서 제일은 선조들의 견해를 맹목적으로 따르는 것이랍니다. 그걸 이해하려고 하거나 이유를 들어볼 생각은 전혀 하지 않죠. 혈액 순환이나 그와 비슷한 다른 의견들과 관련해 현대에 새로 발견했다고 주장하는 것들까지 말이지요."

몰리에르, 『상상병 환자』, 2막 5장.

디아푸아뤼 분장을 한 배우

니콜라 플라멜 또는 연금술의 발견

〈해리 포터〉 시리즈를 읽었다면 니콜라 플라멜에 대해 들어봤을 거예요. J. K. 롤링의 이야기 속으로 들어가면 연금술사가 '현자의 돌'을 만들어 내요. 그 돌은 어떤 재료든 순금으로 바꿀 수 있지요! 니콜라 플라멜은 중세 시대 파리에서 실제로 살았던 사람이에요. 과연 그는 어떤 사람이었을까요? 왜 유명해졌을까요? 기이한 연금술과 불가사의한 기호들의 세계로 들어가 봐요.

기이한 연금술

연금술은 역사가 아주 오래되었으면서도 기이한 과목이에요. 실험실 작업을 통해서 금속을 금으로 바꾸고, 오래 살게 하는 묘약을 만들어 낼 수 있다고 믿었죠. 유럽에서는 15세기 르네상스 시대에 크게 발전했어요. 이러한 연금술은 금속화학과 기호 해석 같은 종교적 믿음이 결합되었어요. 오늘날에 연금술이 다시 출현하기는 힘들어요. 과학과 종교가 분리되어 각각의 영역을 차지하고 있기 때문이에요.

쓰고 색을 입히다

니콜라 플라멜은 1340년경 가난한 집안에서 태어났지만 열심히 공부했어요. 독자적으로 사업을 벌이고, 또한 문서와 관련된 여러 가지 활동을 했어요. 그는 글씨 쓰는 일이 직업인 필경사였어요.(당시에는 글을 읽고 쓸 줄 아는 사람이 매우 적었어요.) 책들을 다시 베껴 적고, 색을 입혀 장식했어요. 당시에는 인쇄술이 발달하지 않았기 때문에 책을 배포하려면 직접 손으로 베껴 써야 했지요! 니콜라 플라멜은 실력을 인정받아 궁정에까지 이름이 알려졌어요.

PATER OMNI
순수한 아기들이 어떻게 해롯왕의 명령으로 죽임을 당했는가.

관대한 후원자

니콜라 플라멜은 페르넬과 결혼하여 꽤 안정적인 생활을 하게 되었어요. 두 사람은 돈을 모아 파리에 집을 여러 채 짓고, 많은 종교적 건축물을(예배당이나 병원) 세우는 데 재정을 지원했어요. 1407년 니콜라 플라멜은 영아들의 묘지(오늘날에는 없어졌어요.) 안에 아치형 기둥을 세워 종교 인물들의 모형을 새겼어요.

영아들의 묘지 내 아치형 기둥
1 니콜라 플라멜
2 페르넬 플라멜
3 그의 이름 머릿글자
4 천사
5 싸우는 용들
6 날개 달린 사자
PATER OMNI
MEI

사후 2세기가 지난 뒤…

니콜라 플라멜은 1418년에 죽었어요. 독실하고 인심이 좋으며 실력 있는 필경사로 인정을 받기는 했지만 당시에는 조금도 유명하지 않았어요. 그러다가 죽은 지 2세기가 지나고 나서야 출판된 책 때문에 이름이 알려졌어요. 1612년 니콜라 플라멜이 저자인 『상형문자의 책』이 출판되었어요! 이 책은 1399년에서 1414년 사이에 쓰였을 테지만 당시에 쓰인 원본은 발견되지 않았어요.

책에서 니콜라 플라멜은 자신이 연금술에 관심을 갖게 된 것은 수수께끼 같은 그림들이 수록된 『아브라함의 책』(이 책의 원본도 찾을 수 없어요.)을 읽고 나서라고 적혀 있어요. 그는 그 그림들의 뜻을 해석해 보느라 많은 세월을 보냈을 테고, 결국에는 현자의 돌의 비밀을 밝혀냈을 거예요!

증류주에서 물 추출하기

- 황산염 2파운드(500그램), 초산염 2파운드, 고열로 태운 명반 2파운드를 준비하라.
- 잘 으깨고 섞어서 유리 증류기에 넣은 다음 일반적인 규칙에 따라 물을 증류하는데, 영들이 날아가지 않도록 접합부를 잘 막아야 한다.
- 처음에는 약한 불로 시작해서 좀 더 센 불로 데워라. 기구가 하얗게 되어 영들이 다 증류될 때까지 장작을 넣어 열을 가하라.
- 불을 끄고 화덕이 식을 때까지 두라. 조심해서 증류수를 한쪽에 두어라. 그것은 달의 용매이기 때문이다. 은을 녹이고 금을 분리하는 작업을 위해 이 용매를 보관하라.

연금술사 대 알베르투스(1331)의 『화합물 합성』에서 발췌

연금술사들은 대개 과학과 사상에 열중해서 공부를 많이 하고 호기심이 많은 사람들이에요. 그들이 일하는 방식과 관련해 갖가지 가설들이 나왔지만, 사실 그들 자신은 비밀을 고수하길 원했어요. 연금술사들의 책들은 해독이 거의 불가능한 수수께끼 같은 기호들로 가득했지요!

연금술사…

『상형문자의 책』은 크게 인기를 얻었고, 이후 여러 차례 다시 출판되었어요. 이와 함께 니콜라 플라멜은 대단한 연금술사로 여겨졌지요! 그는 실험을 하기 위해서 실험실을 차렸을 것이고, 평범한 물질을 금으로 바꿀 수 있는 비밀을 알아낸 뒤에는 부자가 되었을 거예요. 그가 세운 아치 기둥에 그 모든 것을 증명하는 비밀이 담겨 있지요! 18세기의 어떤 사람들은 심지어 니콜라 플라멜과 아내 페르넬이 영원한 생명의 비밀을 알아내 영원히 살아 있다고 주장했어요!

연금술사가 아닐지도?

니콜라 플라멜을 의심하는 사람들도 있어요. 1758년 빌랭 사제가 책을 출간했는데 그 책에서 그는 니콜라 플라멜이 그렇게 재산이 많지 않았고, 『상형문자의 책』은 16세기 말에 써진 가짜임을 증명했어요! 그의 주장은 20세기에 들어와 여러 연구로 확인되었어요. 이른바 플라멜이 썼다는 문제의 책은 1612년 출판되기 얼마 전에 집필되었고, 그 책의 번역 원본이라는 라틴어 텍스트는 존재하지도 않아요. 결국 니콜라 플라멜은 〈해리포터〉 이야기 밖에서는 실제 연금술사가 아닌데도 불구하고, 역사상 가장 유명한 연금술사로 여겨지지요!

크리스토퍼 콜럼버스, 과연 그가 아메리카 대륙을 발견했을까?

사람들은 종종 1492년에 크리스토퍼 콜럼버스가 “아메리카 대륙을 발견했다.”라고 말해요. 하지만 정말로 그럴까요? 어떻게 이해해야 할까요? 아메리카 대륙에 발을 디딘 사람이 그가 처음이었을까요? 이와 관련된 모든 문제를 밝히기 위해 그 시대의 바다로 여행을 떠나 봐요!

10만 년도 훨씬 더 전에!

최근 미국 캘리포니아 주에서 고고학자들이 최소 10만년 이전의 해골들을 발견했는데, 이것은 아메리카 대륙에 아주 오래전부터 사람이 살았다는 사실을 증명해요! 1492년 콜럼버스가 도착했을 때 아메리카 대륙에는 약 8천만 명의 사람들이 살고 있었어요. 북쪽의 이로쿼이어 족, 체로키 족, 남쪽의 케추아 족을 비롯해 수많은 부족들이 자기 부족만의 언어와 고유문화를 갖고 있었어요.

15세기의 작은 세계

15세기 말 유럽인들은 지구에 유럽과 아프리카, 아시아 이렇게 세 개의 대륙만 존재한다고 생각했어요. 대모험가들이 새로운 땅을 찾아 떠났어요. 새로운 땅에서 향신료나 금, 보석 등 부를 가져오기를 바랐어요. 당시는 대 발견의 시대였죠. 이러한 탐험대를 종종 왕들이 후원했어요. 그들은 먼 곳에까지 권력을 확장하고, 그곳 사람들을 가톨릭이라는 종교로 개종시키길 원했어요.

금과 여행에 열광하다

이탈리아 제노바에서 방직공의 아들로 태어난 콜럼버스는 가업을 이을 마음이 없었어요. 대신 지리와 지도 제작에 관심이 많아 15세부터 항해를 시작했어요. 26세에는 지도 제작 전문가 형제가 살고 있는 포르투갈의 리스본에 정착했어요. 거기서 포르투갈 여자와 결혼했고, 항해를 좋아하는 장인에게서 여행 이야기를 듣고는 더욱 열정적으로 항해와 관련된 연구를 했어요.

계산 착오!

배를 타고 서쪽으로 계속 가면 아시아에 도착할 거라는 콜럼버스의 생각은 당시에는 터무니없다고 여겨졌어요. 그는 카나리아 제도에서 출발하면 중국까지 가는 데 15일이면 된다고 예측했어요. 그는 지구의 원둘레를 33,000에서 44,000킬로미터로 계산한 고대 지리학자들의 계산을 무시하고, 1474년 피렌체의 지도 제작자 파올로 토스카넬리의 계산에 의지했어요. 토스카넬리의 계산법에 따르면 지구의 적도 원둘레는 26,000킬로미터밖에 되지 않았지요. 하지만 그의 계산은 잘못되었어요. 지구의 원둘레는 대략 40,000킬로미터예요! 즉 콜럼버스는 지구가 실제보다 더 작고, 대륙들이 서로 더 가까이 있다고 착각한 거예요.

대서양의 제독

1484년 콜럼버스는 포르투갈의 왕 조앙 2세에게 항해 계획을 설명하고 지원을 요청하지만 거절당해요. 결국 콜럼버스는 스페인의 공동 통치자인 카스티야 왕국의 여왕 이사벨 1세와 아라곤의 페르디난도 국왕을 설득해 재정 지원을 얻어 내요. 대서양의 제독이라는 직함과 발견하게 될 새로운 땅의 총독이라는 지위, 그리고 그곳에서 얻게 될 부의 10퍼센트라는 모든 요구 조건에 대해 승낙을 받아 내지요.

모든 것의 교환!

15세기와 16세기에 활발해진 유럽인들의 세계 일주 항해와 관련해서, 그 시대를 '대항해 시대'라고 불러요. 이때 유럽인들은 새로운 땅과 그곳에 살고 있는 주민들을 발견해요! 교역은 우호적이고 평화적 이었지만 때로는 그곳 주민인 '인디언들'을 살해하거나 강제로 유럽으로 데려오는 등 매우 폭력적이었어요. 질병들도 전파되었어요. 홍역과 풍진같이 아메리카 원주민들에게 없는 질병이 전파되어 수많은 사람이 죽어요. 유럽인들에게는 매독이라는 질병이 발생해요.

곧 도착?

1492년 8월, 드디어 항해가 시작되었어요. 몇 주가 흘렀어요. 그리고 두 달이 다 지나도록 육지는 보이지 않았어요. 선원들은 갈수록 지치고 불안해하며 반항했어요. 콜럼버스가 2주만 항해하면 된다고 속였거든요! 뱃머리를 남쪽으로 돌린 뒤, 1492년 10월 12일 오전 2시, 한 사내가 소리쳤어요. "육지다!" 섬은 매우 아름다웠어요. 곧 그 섬은 '산살바도르'(구세주라는 뜻)라고 이름 붙여졌어요. 기후는 따뜻하고, 수목이 울창하며, 해변에는 하얀 모래가 깔려 있었어요. 옷을 입지 않은 남자와 여자들이 선원들을 맞으러 나왔어요. 콜럼버스는 그곳이 아시아의 인도라고 확신하고는 그 사람들을 '인디언'이라고 불렀어요. 그들은 인도와 아무 관련이 없음에도 한동안 그렇게 불렸어요!

책 속에 진실만 담겨 있지 않아요!

크리스토퍼 콜럼버스는 특히 베네치아의 유명한 여행가 마르코 폴로(1254~1324)의 『세계 경이의 서』(통칭 『동방견문록』)을 비롯해 많은 책을 읽고 영향을 받았어요. 그 책에는 중국과 일본에 대해 정확히 묘사되어 있어요. 콜럼버스는 자신이 본 것을 책에 맞추려고 했어요. 그래서 쿠바 섬을 일본이라고 믿었어요. 자신이 당시의 지도에는 나와 있지 않은 땅에 도착했다고는 결코 생각하지도 못했어요!

네 번의 여행과 하나의 신대륙

콜럼버스는 1504년까지 네 번의 항해를 해서 각기 새로운 땅에 도달했어요. 앤틸리스 제도와 쿠바, 아이티를 발견했어요. 현재 베네수엘라(남아메리카)에 있는 거대한 오리노코 강의 입구에 이르러서도 자신이 새 대륙에 도착했다는 사실을 깨닫지 못했어요. 그 강을 아시아에 있는 두 섬 사이의 해협이라고 착각했지요!

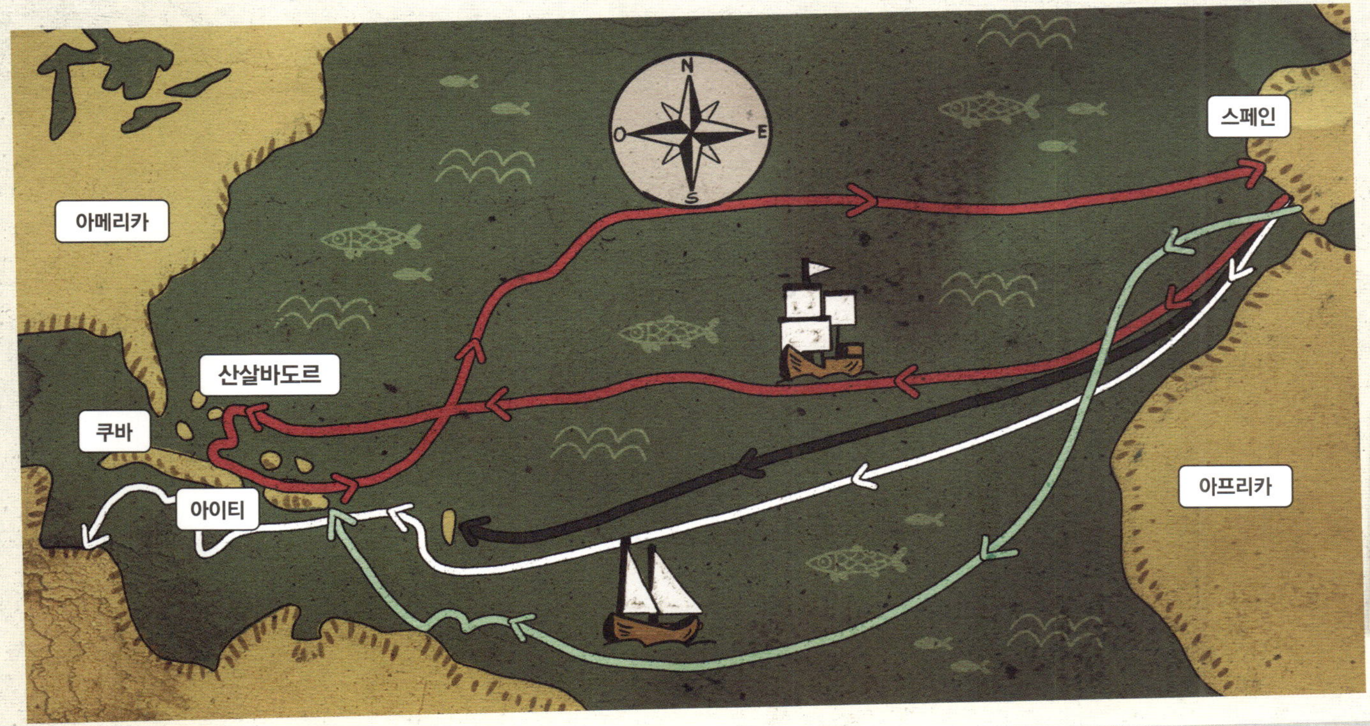

『세계 경이의 서』(1299)에 경탄하다

이 책은 중세 때 발간된 여행서 중에 가장 유명한 책이에요. 19세의 마르코 폴로는 베네치아의 상인인 아버지와 삼촌과 함께 비단길을 따라 중국으로 가요. 그 후 24년 동안 중앙 아시아와 동남아시아, 중국을 돌아다녀요. 고향으로 돌아와서는 작가 루스티겔로에게 여행에서 보고 들은 것과 또 자신이 지어낸 이야기를 덧붙여 말해 줬어요. 예를 들면, "일각수는 기다란 가시들이 박힌 혀로 해를 입힌다."라고 묘사하면서 일각수를 보았다고 주장해요. 이 책은 크리스토퍼 콜럼버스를 비롯한 수많은 탐험가들에게 영감을 줬어요. 책 내용이 전부 다 거짓은 아니에요. 하지만 전부가 사실도 아니지요!

신세계의 끝에서…

"이곳 사람들은 유순하고 친절합니다. 남녀노소 모두가 벌거벗었습니다. 신체 어느 부분도 가리지 않은 채, 어머니 배에서 나온 그대로 죽을 때까지 지냅니다. […] 이들의 얼굴은 순수하고 아름답지만 볼과 입술, 콧구멍, 귀에 구멍을 뚫어 스스로 망쳐 버립니다. […] 그 구멍들에 몹시 아름다운 하늘빛 돌과 대리석, 수정, 백대리석, 새하얀 뼈 등을 박아 넣습니다."

아메리고 베스푸치, 『신세계』, 1504

크게 성공을 거둔 이 모험담은 1501년에서 1502년까지 브라질 해안을 따라 여행하며 겪은 일화들을 이야기해요.

아메리고 베스푸치

아메리고 베스푸치는 이탈리아 피렌체에서 태어나 유복하고 교양 있는 환경에서 자랐어요. 베스푸치는 청소년기부터 우주를 설명하는 학문과 천체에 관심이 많았어요. 그는 콜럼버스와 친했지만 두 사람이 함께 여행한 적은 없었어요. 그래도 두 사람은 서쪽으로 항해해 새로운 세계를 발견하고자 하는 같은 열망을 갖고 있었어요. 능숙한 항해사에 호기심이 많은 베스푸치는 1499년부터 1504년 사이에 여행 네 번을 감행했어요. 아메리카 대륙에 접근해서는 콜럼버스와 달리 그곳이 아시아가 아닌 다른 대륙임을 '알아차리고'서 '신세계'라 이름 붙였어요.

보주 지방의 지도 제작자들이 합류하다

16세기 초 프랑스 보주 지방의 작은 도시 생 디에에서는 지리학자와 작가, 예술가 등으로 이루어진 학자 집단이 새 지도책을 만들고 있었어요. 그 지도책에 새로 발견한 지역 전부를 실어야 했어요! 1507년 판에 '아메리카'라는 이름이 처음으로 등장했어요. 이것은 '세계의 4분의 1'을 발견한 아메리고 베스푸치에게 존경을 표하기 위해서였어요. 그 전 해인 1506년에 사망한 콜럼버스는 자신의 이름이 남아메리카 대륙의 작은 지역 '콜롬비아'에만 영향을 주리라고는 미처 예상하지 못했을 거예요.

크리스토퍼 콜럼버스 이전의 탐험가들

바이킹 레이프 에릭손

1960년 캐나다의 뉴펀들랜드 섬에서 바이킹이 거주했던 흔적(거주지와 철제 물건들)이 발견되었어요. 그린란드의 유명한 바이킹인 붉은 에릭손의 아들인 레이프 에릭손(970~1025)이 소규모의 무리와 함께 뉴펀들랜드 섬에 하선했어요. 그들은 30여 년 동안 그곳에서 살았어요. 1964년부터 미국에서는 10월 9일을 '레이프 에릭손의 날'이라 하여 바이킹이 아메리카를 발견한 날을 기념하고 있어요.

페르시아인 아부 라이한 알 비루니

아부 라이한 알 비루니(973~1048)는 페르시아의 수학자이자 지리학자, 지도 제작자, 천문학자였어요. 그는 지구가 둥글다는 것을 계산으로 밝혔어요. 그리고 여러 대륙을 지도 위에 나타내고자 했어요. 30년 간 연구한 끝에 유럽과 아시아, 아프리카 외의 또 다른 대륙이 존재한다고 결론 내렸어요. 연구실에서 '아메리카를 발견'한 셈이지요!

중국인 정화

15세기 초 중국의 제독 정화는 대 원정길에 나설 배들을 건조시켰어요. 뛰어난 항해 기술을 가진 중국인들은 바다를 누비며 무역을 했어요. 정화는 1405년에서 1433년 사이에 인도와 아프리카로 일곱 번의 항해를 감행해요. 2002년에 밝혀진 사실이 더 있어요! 중국인들이 1421년에 아메리카 대륙을 발견했다고, 퇴역한 영국 함장 개빈 멘지스가 주장했어요. 하지만 역사가들은 멘지스가 연구한 지도들은 잘못되었다고 평가했어요. 중국인들이 아메리카까지 갔을지라도 확실한 증거가 없지요.

철가면, 그 뒤에 과연 누가 숨었을까?

철가면 사내와 관련해서 역사적으로 많은 기사와 책이 나왔어요. 이십여 권의 소설과 십여 편의 희곡, 이십 편에 가까운 영화가 제작되었지만 그의 진짜 정체는 여전히 미스터리예요. 철가면의 사내는 과연 누구였을까요? 그는 왜 투옥되었을까요? 어째서 그의 신원은 비밀로 남았을까요? 루이 14세가 살던 비밀스러운 궁정으로 들어가 봐요.

이름을 말하면 안 되는 남자

1698년 9월 18일, 생 마르스라는 남자가 바스티유 교도소에 들어왔어요. 그는 신임 교도소장이었어요. 달타냥의 지휘 아래 보병이었던 그는 정치범 한 명을 데리고 왔어요. 교도소장은 그 정치범을 여러 해 동안 감시했기 때문에 그에 대해 잘 '알고' 있었어요. 규칙은 단호했어요. 죄수의 이름과 죄명을 발설하면 안 된다는 것이었죠. 그리고 그 죄수를 직접 관리해야 하며 그와 얘기를 나누어도 안 되었어요.

정치범

17세기, 사법권은(정치권력에서 독립적인 법원과 판사와 함께) 발전했지만 왕권은 여전히 강력했어요. 왕은 봉인장에 서명함으로써, 나라의 안전에 위협이 된다고 판단하는 사람은 누구나 가둘 수 있었어요. 봉인장은 위험인물의 입을 다물게 할 수 있는 확실한 방법이었죠. 배신자나 스파이로 고소당하면 재판 없이 교도소에 투옥되었어요. 볼테르나 디드로 같은 18세기의 철학자들과 작가들은 바로 이런 제도를 고발했어요.

절대적 힘을 가진 봉인장

인장 찍힌 밀랍

왕이 보낸 편지임을 증명하는 인장을 밀랍 위에 찍음.
편지를 밀봉하는 역할도 함.

왕의 초상

인장

왕의 상징(초상)이 새겨진 도장

이 교도소에서 저 교도소로

생 마르스는 피뉴롤과 엑질(과거에는 이탈리아 북서쪽 피에몽 지방에 속했으나 현재는 프랑스에 속한 두 도시)에 있는 교도소들의 소장이었다가 칸 지방에 속한 큰 섬, 생트 마그리트 교도소의 소장이 되었어요. 철가면을 한 죄수는 전근하는 교도소장을 따라 30년 넘게 이 교도소에서 저 교도소로, 방수포로 덮은 가마를 탄 채 옮겨졌어요!

1703년 11월, 철가면의 사내가 죽었을 때, 바스티유 감옥의 기록부에 적혀 있듯, 그가 사용했던 독방의 모든 물건(옷, 가구, 매트리스, 이불…)은 불에 태워졌고, 혹시 편지라도 숨겨져 있을까 의심되어 사방 벽을 다 긁었으며, 그와 관련된 아무 흔적도 남지 않도록 새로 칠했어요!

에티엔 드 쟁카의 글

"같은 날인 1703년 11월 19일 월요일. 교도소장 생 마르스 씨가 오랫동안 감시했고 생트 마그리트 섬에서 데려왔던, 늘 검은색 벨벳 마스크로 얼굴을 가린 신원 미상의 죄수가, 미사를 마치고 나올 때 몸이 안 좋아 보였는데, 오늘 밤 10시경 사망했다.

(…) 오래전부터 신원 미상이었던 그 죄수는 11월 20일 화요일 오후 4시 우리 교구에 속한 생 폴 묘지에 매장되었다."

에티엔 드 쟁카는 여백에 이렇게 덧붙였어요.

"나중에 나는 명부에 그 남자의 이름이 '마르시엘 씨'라 등록되었다는 사실을 알았다."

왕의 보좌관 에티엔 드 쟁카가 기록한
바스티유 감옥의 기록부(1690~1705)

작가들이 개입하다

볼테르는 『루이 14세의 시대』(1751)에서, 1661년 체포된 한 남자가 '얼굴에 착용한 채 음식을 먹을 수 있도록 철 스프링이 달린 마스크'를 쓰고 있었다고 기록했어요. 이것이 영원히 풀리지 않는 수수께끼의 발단이 되었어요. 볼테르의 기록에 따르면, 존중받되 가면을 벗는 즉시 죽임을 당하게 되어 있던 그 죄수는… 루이 14세 왕의 쌍둥이 형제였어요! 그는 권력의 자리에서 은밀히 배제되었을 거예요. 알렉상드르 뒤마는 이 이야기를 『삼총사』 3부작의 마지막 소설 『브라젤론 자작』(1847)의 테마로 삼았어요.

하지만 이런 주장에는 논쟁의 여지가 있어요. 여왕은 많은 사람이 있는 곳에서 출산하기 때문에… 아들이 한 명 더 태어났다면 그 사실을 아무도 모를 수가 없었다는 거예요. 그럼에도 어떤 사람들은 여전히 다음과 같이 주장해요. 여왕이 첫 왕자를 출산하고 사람들이 다 떠난 뒤, 산파하고 둘만 있을 때 두 번째 왕자를 출산했을 거라고 말이지요.

벨벳 가면

철가면이라는 이름을 처음으로 쓴 사람은 볼테르였어요. 죄수가 철가면을 한 순간도 벗지 않고 영구적으로 써야 했다는 그의 생각도 퍼져 나갔어요. 그러나 실제로 가면은 검정 벨벳으로 만들어져서 철가면보다는 훨씬 쓰기 편했을 거예요. 게다가 교도소를 이동할 때만 가면을 착용한 것으로 보여요. 이처럼 사실이 아님에도 볼테르가 붙인 이름이 여전히 사용되고 있지요.

외스타슈 당제는 누구일까?

또 다른 가설이 있어요. 철가면 사내는 1669년에 체포되어 아주 비밀리에 피뉴롤 교도소에 수감된 외스타슈 당제('도제'라 불리기도 함)라는 가설이에요. 외스타슈 당제는 프랑스의 루이 14세 왕과 영국 왕 찰스 2세 사이에서 극비 문서를 전달하는 임무를 맡은 시종이었을 거예요. 그런데 그가 극비 문서를 읽었고, 그 사실을 안 루이 14세가 호기심을 참지 못한 그의 입을 막으려 했다는 거예요. 2016년 미국의 역사가 폴 소니노가 그의 책에서 이 가설을 다시 주장했어요.

그러나 논쟁은 계속되어, 죽은 지 350년이 넘은 철가면의 사내는 역사상 가장 긴 수사 대상이 되었어요.

수수께끼를 풀기 위해 역사가들이 나서다

18세기부터 50여 가지나 되는 가설이 제기되었어요! 역사가들이 탐정처럼 당시의 수많은 자료(편지, 회고록, 공문서 등)를 샅샅이 조사했어요. 다양한 해석들이 등장했어요. 어떤 역사가들은, 철가면 사내가 루이 14세의 재정 감독관 니콜라 푸케였을 거라고 해요. 그가 공금 횡령 혐의로 1661년 체포되어 1665년 생 마르스 씨가 감독하는 피뉴롤 교도소에 수감되었다는 거예요. 하지만 니콜라 푸케는 1703년 바스티유 교도소가 아니라 1680년 피뉴롤 교도소에서 죽었어요.

또 다른 용의자들
(리스트는 계속됨)

제임스 드 라 클로슈

영국 왕 찰스 2세의 사생아지만 찰스 2세가 암묵적으로 인정한 아들이에요. 또 다른 사람들은 그가 루이 14세의 진짜 쌍둥이 형제인데, 권력에서 배제된 것에 앙심을 품고 복수하기 위해서 음모를 꾸몄다고 생각했어요.

앙리 드 기즈 2세

루이 14세의 경쟁자라 여겨지는 모험가

몰리에르

작가이자 배우인 그는 『상상병 환자』 마지막 공연 이후 죽은 게 아니라, 납치되어 투옥되었을 것이라고 해요. 그의 사상이 당시에는 매우 거슬렸으니 말이에요.

달타냥

근위병인 그는 볼테르에게 들어서 루이 14세의 쌍둥이 형제에 관한 비밀을 알고 있었어요.

나보

난쟁이 흑인 노예인 그는 루이 14세의 부인인 마리 테레즈 왕비의 애인이었어요. 왕비는 나보의 딸을 낳았는데, 딸은 수도원으로, 나보는 교도소로 보내면서 사건이 은폐되었어요.

뷜롱드의 신부 비비앙

프랑스 군의 중위인데 불복종 죄를 지었어요.

침몰 불가능한 타이타닉호

이 배의 이름은 고대 신화에 등장하는 거인 타이탄을 연상시켜요. '침몰 불가능'이라는 수식어는 그 무엇도 비길 수 없는 절대적인 힘을 표현해요. 그럼에도 영국의 사우샘프턴을 출항한 지 4일 만인 1912년 4월 15일, 근사한 최신 여객선 타이타닉호는 캐나다의 뉴펀들랜드 바다에서 빙산에 부딪혀 차가운 바닷속에 가라앉고 말아요. 원인이 무엇이었을까요? 역사상 최대의 해난 사고 현장으로 가 봐요.

세계 신기록

- 길이 269미터
- 너비 28미터
- 수면 아래 10미터를 포함 전체 높이 52미터
- 갑판 9개
- 46,328톤
- 모터 3개, 기관 29개
- 각기 높이가 19미터인 굴뚝 4개
- 승객 약 1,000명, 승무원 약 900명
- 1,178명을 태울 수 있는 20개의 구명보트

거대 선박을 건조하다

20세기 초는 여러 선박 회사가 경쟁하는 시기였어요. 1907년, 그런 선박 회사 가운데 하나인 '화이트스타라인'은 세계에서 가장 크고 안락하며 안전한 여객선을 건조하기로 계획했어요. 1908년 말에 '타이타닉호' 계획이 결정되어, 1909년부터 1912년까지 3,000명의 전문가들이(기계공, 전기공, 실내 장식가 등) 선박 건조에 돌입했어요. 더욱 견고하게 짓기 위해서 강철로 이중 바닥을 만들었어요. 선체의 칸을 16개로 나누어 만들어서, 혹시 한 칸에 물이 들어와도 다른 칸으로 물이 새어 들어오지 못하도록 했어요. 따라서 어떤 상황에도 '전체 타이타닉호'는 침몰하지 않고 견디도록 만들었지요! 갖가지 시험을 통과하고 항해 허가가 떨어졌어요. 드디어 1912년 4월 10일 12시 15분, 타이타닉호는 사우샘프턴 항을 출항했어요.

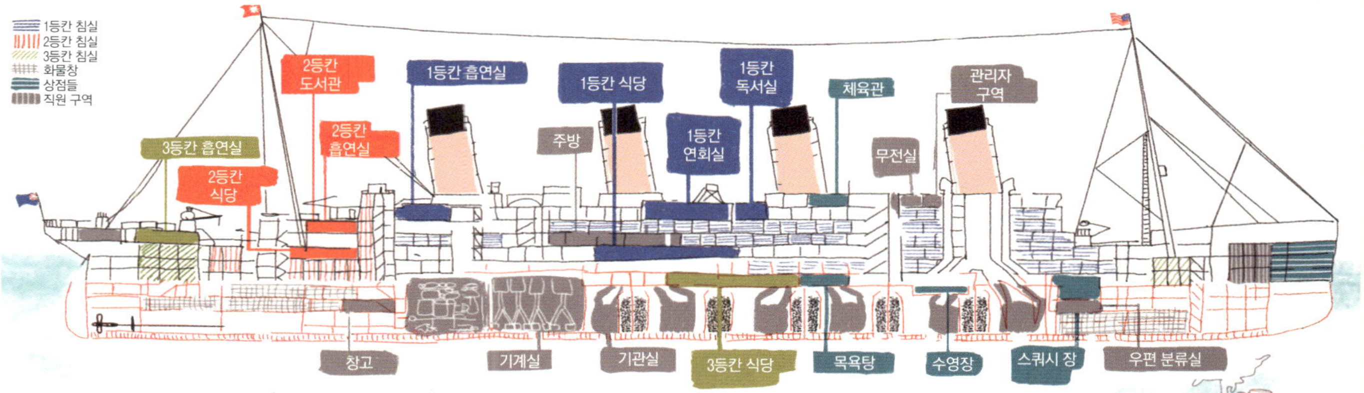

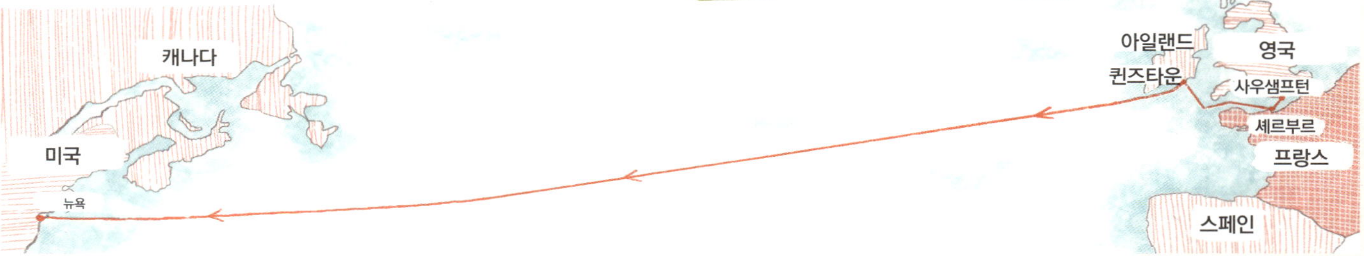

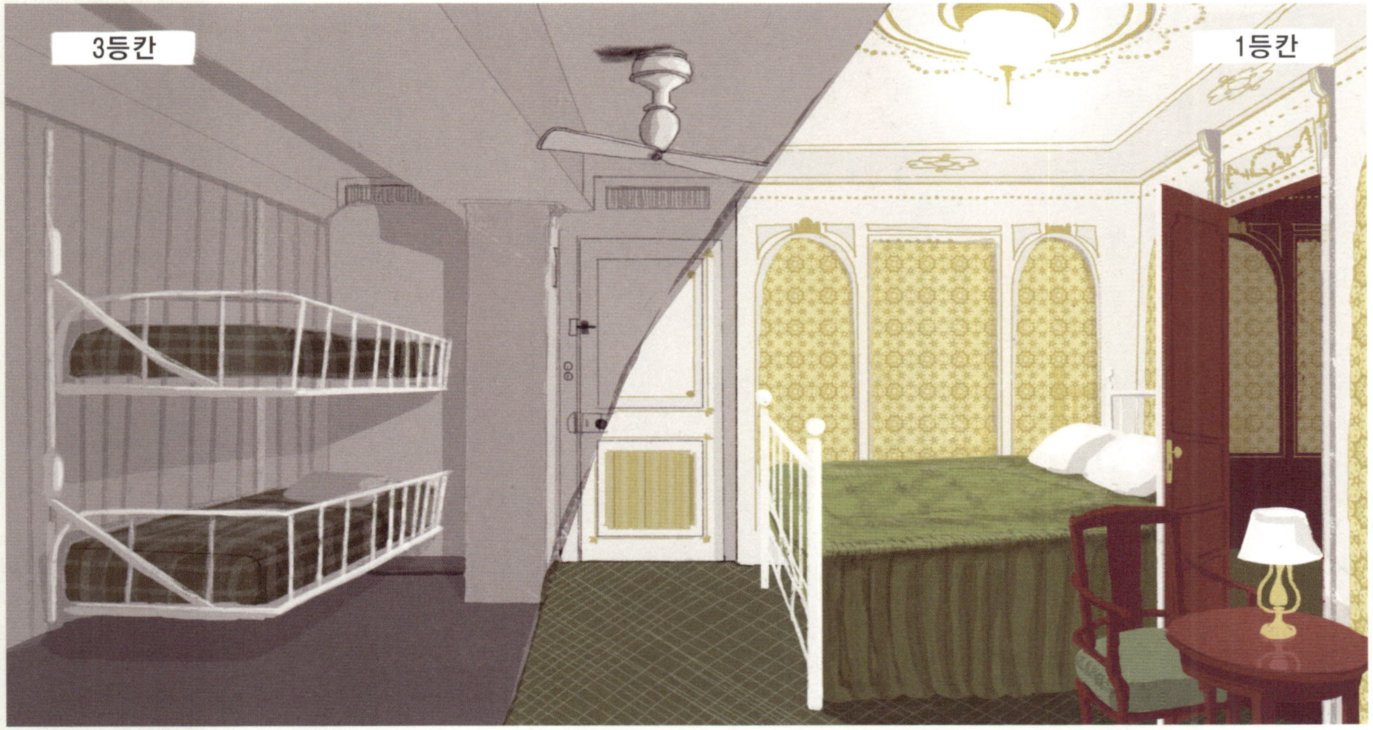

여러 층으로 나뉜 여객선

다른 유람선들과 마찬가지로 타이타닉호에도 다양한 계층의 승객이 탔어요. 1등칸에서는 부유한 승객들이 호사를 누렸어요. 개인 선실들이(소음이나 움직임이 가장 적은) 상갑판에 위치했고, 수영장이나 사우나, 체육관, 스쿼시 장에도 드나들었어요. 호화롭게 꾸며진 식당에서 8인조 음악가들로 구성된 관현악단의 연주를 들으며 고급 식사를 즐겼지요! 2등칸 승객들은 도서관, 흡연실, 실내 산책장 등 중간 정도의 안락함을 누렸어요. 3등칸 승객들은 (기계실에서 가까운) 배 아래쪽에 위치한 공동 침실에서 지내며 조촐한 간이식당에서 식사했어요.

1등칸 승객은 승선권 값으로 약 4,000달러, 2등칸 승객은 약 1,800달러, 3등칸 승객은 50달러를 내기는 했지만, 칸별로 여행의 질이 매우 달랐어요.

충돌하고 2시간 만에 침몰…

타이타닉호는 두 곳에 기항한 뒤, 4월 11일 13시 30분에 다시 뉴욕을 향해 출항했어요. 이튿날부터 선장에게 무전이 도착했어요. 항로에 안개가 덮이고 두꺼운 빙하가 떠다닌다는 내용이었어요. 4월 13일, 주의하라는 무전 메시지들이 또 왔지만 선장에게는 그중 몇 건의 메시지만 전달되었고, 어떤 메시지는 전달되지 않았어요.

4월 14일 22시 30분, 근처에 있던 선박인 캘리포니안 호는 타이타닉호의 무선 전신 기사에게 자신이 탄 선박이 빙하 때문에 멈췄다고 알려요. 하지만 무선 전신 기사는 대수롭지 않게 여기고는 그냥 자러 갔죠! 22노트로(시속 40킬로미터) 나아가던 타이타닉호는 망루의 해상 감시인이 23시 40분, 빙산을 발견하지만, 이미 때는 늦었어요. 배가 빙산과 충돌하고 말았어요! 16개의 칸 중에서 6칸이 훼손되었어요. 선박의 늑재가 쪼개지고 배 안으로 물이 들어왔어요.

4월 15일 새벽 2시 20분, 타이타닉호는 가라앉고 말아요. 처음이자 유일한 항해를 이렇게 끝마치고 말았지요.

공황에 빠진 선상

12시 20분, 한밤중 선장은 배를 버리고 탈출하라고 해요. 승객들은 무질서한 분위기 속에서 구명보트에 승선하기 시작해요. 날씨는 춥고 어두운 밤이었어요. 영어로 된 안내 방송을 모든 사람이 이해할 수 있는 것도 아니었어요. 많은 승객이 작은 구명보트보다는 타이타닉호에 남아 있는 게 더 안전하다고 느꼈어요. 여자와 아이들이 구명보트에 탈 우선권을 가졌지만 어떤 여자들은 남편 곁을 떠나려고 하지 않았어요. 초반에 내린 구명보트들은 승객으로 다 채워지지도 않았죠. 공포와 불안 그 자체였어요!

죽음 앞의 불평등

새벽 3시 45분, 현장에 도착한 다른 여객선 카르파티아호는 705명의 생존자를 배에 태웠어요. 그리고 337구의 시신을 건져 캐나다에서 매장했어요. 타이타닉호가 침몰해서 총 1,500명 가까이 사상자가 나왔어요.

생존자 중에 다수가 3등칸 승객들이 당한 부당한 처사를 증언했어요. 3등칸 승객들은 구명보트를 제때에 탈 수 없도록 저지를 당했다는 거예요. 1등칸으로 이어지는 갑판은 철문으로 막혀 있었어요. 1등칸 승객들은 329명 중 205명이(약 60퍼센트) 살아남았지만 3등칸 승객들은 706명 중에 단 178명만이(약 25퍼센트) 살아남았어요. 가장 마지막에 구명보트에 타기 시작한 승무원들이 가장 많이 희생되었어요. 승무원 885명 중 단 112명만 생존했거든요.

한 아이의 기억

미셸 나브라틸이 아빠와 형 에드먼드(4살)와 함께 미국으로 여행을 떠날 땐 만 3살이었어요. 여러 해가 지난 뒤 미셸이 이야기했어요.

"배가 어마어마하게 크고 화려했어요. 형하고 나는 뒷갑판에서 자주 놀았어요.

그리고 14일에서 15일로 넘어가는 밤이었어요.

우리가 자고 있는데 아빠가 우리 선실로 들어왔어요. 나에게 춥지 않도록 옷을 많이 입히고는 꼭 안아 줬어요. 내가 모르는 어떤 아저씨는 형의 옷을 입혀 줬어요."

두 아이는 마지막 구명보트 D에 태워졌어요.

"나는 겁이 나지는 않았어요. 구명보트로 '퐁' 하고 뛰어내리는 게 정말로 재미있었다는 기억이 나요. 우리는 한 미국 여자 옆에 앉았는데, 그 여자는 데리고 있던 개를 구하고자 애를 썼어요. 그러고 나서, 카르파티아호를 봤어요. 나는 마대 자루에 탄 채 그 배로 올려졌어요."

미셸의 아버지는 침몰 닷새 뒤 시신으로 발견되었어요. 1987년 미셸은 타이타닉호 침몰 75주년을 기념하기 위해 1912년 이후 처음으로 다시 미국에 갔어요.

뜬소문!

르 프티 주르날, 1912년 4월 16일

조급하고 이해할 수 없는 상황에서 (희망적인) 뜬소문들이 떠돌다

유람선 '타이타닉호'

영국 선박 '화이트스타라인' 유람선, 빙하와 충돌하다

뉴펀들랜드 근처서 2,700명의 승객이 구조됨

진실을 찾아서

1912년 4월 15일, 조사가 시작되었어요. 생존자들과 근처에 있던 선박의 선장들, 항해 전문가들이 조사를 받았어요. 당시까지만 해도 바다에서 겪을 수 있는 위협들은 폭풍이나 화재, 해적들의 침입 같은 것이었지 빙하는 아니었어요. 더구나 4월에 그 지역에서 빙산과 부딪히는 경우는 매우 드물었어요. 확실한 점은 타이타닉호가 경보 메시지들을 신중히 고려하지 않았다는 거예요. 사고가 난 시각은 매우 어두운 밤이었고, 해상 감시인이 망원경도 갖추지 않아 상황이 더욱 악화된 것이지요! 마지막으로, 해상 안전 규칙을 다 지켰다고 해도, 다수의 사상자가 증명하듯, 구명보트의 수가 절대적으로 부족했어요.

사고 이후…

사고 이후 여러 가지 조치가 취해졌어요. 1914년 미국과 또 다른 13개국은 빙하의 위치를 탐지하고 선박들에게 알려 주는 국제 조직인 국제빙하순찰대를 창설했어요. 또한 여객선에 구명보트의 수를 늘리고 조난 시를 대비해 대피 훈련을 의무적으로 시행하도록 안전 규칙을 새로 보강했어요.

난파한 타이타닉호를 찾으러 조사단들이 여러 차례 뉴펀들랜드의 심해로 들어갔어요. 1985년에 한 탐사팀이 난파선의 위치를 찾아냈어요. 타이타닉호는 뉴펀들랜드에서 600킬로미터 떨어진 지점의 해저 4,000미터 아래의 깊은 바닷속에 잠겨 있어요.

허구에서 현실로

선장의 아들이며 미국 작가인 모건 로버트슨은 1898년에 (타이타닉호가 난파하기 14년 전) 『타이타닉의 난파』라는 제목의 소설을 썼어요. '타이타닉'이라 명명한 유람선이 사우샘프턴을 출항하여 미국으로 가려다가 출항한 지 5일 밤 만에 거대한 빙산에 부딪히는 내용이에요. 소설 속에서도 난파한 배의 구명보트가 부족해 2,000명 가까운 사람들이 죽어요!

그리고 현실에서 허구로

제임스 캐머런 감독은 이 해상 사고에서 영감을 얻어 영화 〈타이타닉〉(1997)을 만들어요. 수천만 명의 관객을 기록하며 세계적인 성공을 거둔 이 영화는 타이타닉호에 승선한 1등칸의 승객(케이트 윈즐릿)과 3등칸의 떠돌이 청년(리어나도 디캐프리오)과의 짧은 사랑 이야기를 그렸어요. 캐머런 감독은 실제와 최대한 가깝게 만들기 위해서 역사학자들에게 도움을 받고 12번의 수중 탐사를 했어요.

얼음, 그리고 불도?

30년 동안 타이타닉호에 관심을 품어 왔던 아일랜드의 한 기자가 2017년, 타이타닉호에는 숨겨진 결함이 있었다고 주장했어요. 출항하기 전 이미 화물창에 위치한 석탄 통에서 화재가 났었다는 거예요. 기자는 출항하기 전 타이타닉호의 사진들을 분석했어요. 나중에 빙산이 부딪힌 늑재* 바깥 부분이 그을어 있었어요. 화이트스타라인에서는 이 사실을 승객들에게 알리지 않았을 거예요. 그러나 이 화재로 인해 타이타닉호의 강철 늑재의 강도가 75퍼센트나 떨어졌어요.

*늑재 : 선박 바깥쪽을 보호하는 늑골의 재료

'할로모나스 타이타닉'과의 마지막 사투

캐나다의 과학자들이 최근에 타이타닉호의 잔해를 갉아먹는 박테리아(미생물)를 발견했어요. 배의 목재는 이미 거의 다 사라졌고, 금속 늑재도 차츰차츰 갉아 먹히고 있어요. '할로모나스 타이타닉'이라는 박테리아는 깊은 바닷속 3,800미터 이상의 수압과 얼음처럼 차가운 온도, 어둠이라는 모든 환경을 견뎌요. 강력했던 타이타닉호는 2030년이면 형체가 완전히 사라질 거예요. 결국, 침몰 불가능이라던 거대 선박이 이름만, 그리고 사실이든 허구든 갖가지 이야기들로만 남게 되었지요!

필트다운에서 인간을 발견하다

필트다운인(人)을 아세요? 한때 아주 유명했던 적이 있었어요. 1912년부터 1953년까지 41년 동안 사람들은 반은 인간이고 반은 원숭이인 선사시대 신인류의 흔적을 발견했다고 생각했어요.

이것은 엄숙한 고생물학계에서 발생한 기이한 사기 사건 이야기예요.

'빠진 고리'를 찾아서

20세기 초 고생물학자들은 원숭이와 인간 사이의 중간 단계인 '빠진 고리'를 찾아 연구했어요. 몇몇 과학자들은 아직 아무런 흔적이 발견되지는 않았지만, 현생 인류인 '호모 사피엔스' 보다 약간 덜 발달한 '전(前) 호모 사피엔스'가 있을 것이라고 추측했어요. 필트다운인은 마침 이런 시기에 발견되어, '전 호모 사피엔스'의 존재를 증명하는 것 같았어요.

단 하나의 발굴로부터 벌어진 일

1912년 2월, 영국의 고고학자 찰스 도슨은 영국 남부의 필트다운 자갈 채취장에서 화석들을 발견했다고 주장했는데, 그중에 인간 두개골 하나와 포유류 이빨 몇 개가 있었어요. 그는 곧 대영박물관의 고생물학자 아서 스미스 우드워드에게 연락했어요. 두 사람은 이 화석들이 50만 년 전의 것이라고 단언했어요. 곧 발굴 작업에 프랑스 출신의 젊은 고생물학 연구생 피에르 테일라르 드 샤르댕이 합류해요. 세 사람은 그 지역에서 인간의 어금니와 닮은 어금니 두 개가 있는 원숭이 턱뼈 반쪽을 찾아내요. 그들은 곧 두개골과 턱뼈가 동일한 생물의 것이라고 여기지요. 이 화석들은 곧 '필트다운인'이라 불려요.

발굴된 화석들
약 500,000년 전의 것으로 추정되는,
자갈 채취장에서 발굴된 화석들
동물 화석 약 15개
(하마 이빨과 코끼리 이빨…)
두개골 조각 6개
두개골의 크기가(1,200㎤ 이상)
인간의 것임을 알려 줌.
원숭이의 것으로 보이는 턱뼈 조각으로
어금니가 2개 있음. 어금니가 아주 평평하게 마모된 것은
인간 어금니의 전형적인 특징임.
규석을 다듬어 만든 도구들

영국의 자존심

1912년 12월 18일, 이 발견은 런던 지질학회에 공식적으로 소개되었어요. 스미스 우드워드는 초기 인류 중 하나의 화석인 '여명의 인간'이라고 설명했어요. 이것은 영국 입장에서 매우 중요한 발견이었어요.

19세기 말 이래로 여러 개의 인간 화석들이 독일(1856년 네안데르탈인 화석), 프랑스(1868년 크로마뇽인), 인도네시아에서(1891년 피테칸트로푸스) 발견되었어요. 따라서 영국은 필트다운인 화석이 영국에서 발견된 것을 자랑스럽게 여겼어요. 1912년 영국 신문들은 '영국, 인류의 요람' 또는 '아담은 영국인이었을지도!'라는 제목으로 기사들을 냈어요. 이 사건은 세계적으로 유명해졌어요. 수백 권의 과학 출판물이 이것을 주제로 삼았어요.

초기의 의심들…

1913년부터 과학자들은, 두개골은 인간의 것이지만 턱뼈는 원숭이, 어쩌면 침팬지의 것일지도 모른다고 의심하기 시작했어요. 고생물학자 데이비드 워터스톤이 과학 전문지 〈네이처〉에 그해 발표한 논문에서 그렇게 단언했어요.

1915년에는 프랑스인 마르슬랭 불레와 독일인 프란츠 바이덴라이히가 화석을 다시 관찰하고는 데이비드 워터스톤과 동일한 결론을 내렸어요. 그러나 필트다운인은 진짜 인류의 화석이라는 견해가 여전히 공식적인 사실로 받아들여졌어요. 한편 도슨은 1915년에 새로운 화석을 발견했다고 주장했지만 공식적으로 소개하지는 않았고, 1916년에 죽었어요.

사기가 발각되다

연대 측정 기술이 완벽해졌어요. 문제의 화석을 다시 검사하기 위해 영국박물관의 금고에서 꺼냈어요. 1949년 불소연대 측정 결과 두개골과 턱뼈는 최고로 오래돼야 4만 년 전의 것이었어요. 따라서 '전 호모 사피엔스'의 뼈가 아니었지요. 하마 이빨은 몰타 섬에서, 코끼리 이빨은 튀니지에서 가져온 것이었어요.

1953년, 여러 분석을 통해서 문제의 화석들은 사기였음이 밝혀졌어요. 영국박물관도 그런 사실을 인정했어요. 또한 1959년 탄소연대측정법으로 두개골은 겨우 500년 전 인간의 것으로 밝혀졌어요!

최근 기술들을(DNA 검사와 X선 촬영) 적용한 2006년도의 새로운 조사 보고서에 따르면, 아래턱뼈와 원숭이 이빨들은 동일한 오랑우탄의 것들이에요. 나머지 인간의 뼈들은 두 사람의 것이고 대략 천 년 전 사람들의 것이었어요!

위조자의 속임수 '기법들'

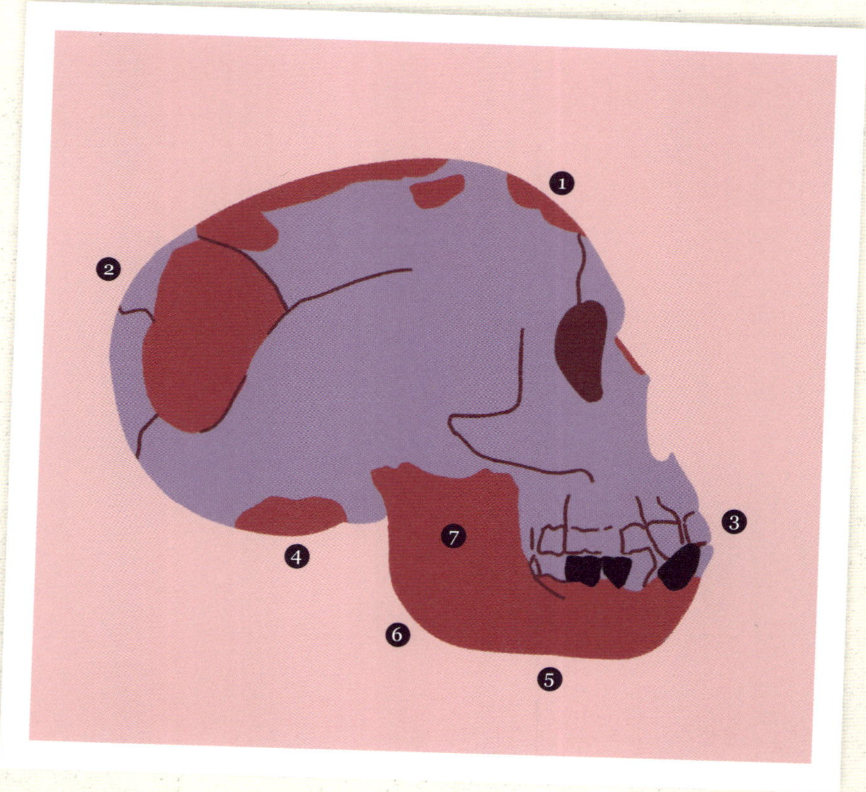

❶ 뼈에 난 구멍들을 유향으로 막음

❷ 500여 년 전 인간의 두개골에 색을 입힘

❸ 다듬은 이빨들

❹ 두개골에 맞지 않은 턱뼈를 갈아 낸 일부

❺ 속임수를 써서 현장에 갖다 놓은 동물(하마, 코끼리…) 이빨들과 도구들(규석)

❻ 채색한 오랑우탄 턱뼈

❼ 뼈의 무게를 늘리기 위해 덧붙인 작은 자갈들(일반적인 단순한 뼈 보다 훨씬 무게가 나가는 화석)

위조자는 과연 누구였을까?

범인을 찾아내기 위해서 수많은 조사가 이뤄졌어요. 일찍 사망한 찰스 도슨을 심문할 수는 없었어요. 하지만 그는 오랫동안 용의선상의 제일 윗자리를 차지했고, 2016년 마지막 조사에서 단독 위조자로 지명되었어요. 1909년 아서 스미스 우드워드에게 보내는 편지에 "내 생전에 누군가 눈치챌 것 같지만, 그 일이 가까울 것 같지는 않네."라고 적었어요.

오늘날에는 제외된 용의자들

아서 스미스 우드워드

도슨의 친구이며 발굴 작업에 함께했어요. 그는 이 발견을 1913년 학계에 알리는 데 중요한 역할을 담당했어요. 또한 몇 가지 의심들에도 불구하고 '여명의 인간' 가설을 오랫동안 지지했어요. 그의 학자적 정직성은 인정받았어요.

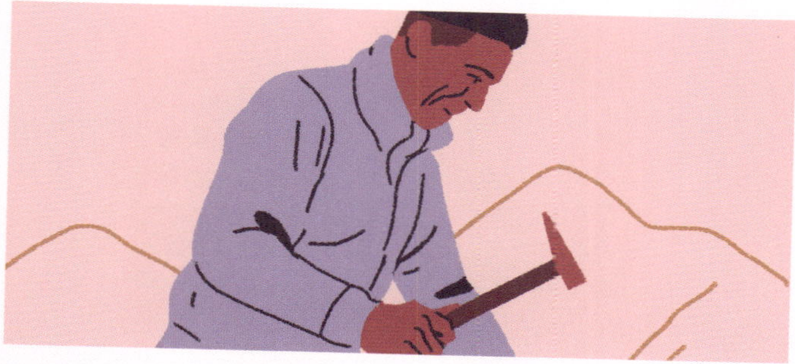

피에르 테일라르 드 샤르댕

발굴 작업에 참여했어요. 그는 중국에서 하는 주요 발굴 작업들에 참여하면서 고생물학자로서의 대단한 이력을 추구했어요. 그런데 그는 자신의 연구 보고서들에서 필트다운인을 언급하기를 피했어요. 짓궂은 장난을 잘 친다는 평을 듣기도 했고요.

아서 코난 도일

필트다운에서 아주 가까운 곳에 살았어요. 1909년 도슨은 이 유명한 영국 작가를(《셜록 홈즈》 시리즈의 작가) 만났어요. 코난 도일은 당시에 『잃어버린 세상』(1912)을 쓰고 있었어요. 소설 속에서 주인공은 여전히 살아 있는 선사시대의 종, 원숭이 인간들을 발견해요. 어떤 사람들은 코난 도일이 본의 아니게 도슨에게 영감을 줬을 것이라고 생각해요. 그리고 그 역시 장난치기를 매우 좋아했어요.

가짜 도시 파리를 건 도박

1915년, 유럽에서 제1차 세계대전이 맹위를 떨치던 때였어요. 독일이 파리를 폭격하기 위해서 처음으로 폭격기들을 보냈어요. 하늘의 적들로부터 어떻게 파리를 보호할까요? 프랑스 참모 본부에서 아이디어를 냈어요. 도시, 파리가 그 자리에 없다고 적이 믿게 만들면 어떨까요? 이상한 생각이라고요? 맞아요. 그래도 매우 재치 있는 아이디어죠! 아주 기발한 기만전술에 대한 이야기를 들어봐요.

전쟁의 비둘기

독일어로 '타우버'는 평화의 상징인 비둘기를 뜻해요. 그게 독일의 첫 폭격기 이름이었다는 게 놀라울 뿐이에요! 이 폭격기는 매우 안정된 1인승 비행기로 1차 세계대전 초기에 사용되었어요. 관찰 임무뿐 아니라 1914년 8월, 파리 시내 폭탄을 투하하는 임무를 맡았어요. 그러다가 타우버는 좀 더 효율적인 다른 비행기로 대체되었어요.

하늘을 구경하는 파리 시민들

1914년 8월 3일, 독일이 프랑스에 선전 포고를 했어요. 유럽 전역이 전쟁에 휘말렸지요. 전투는 전장마다 파 놓은 참호를 비롯해 주로 지상에서 벌어졌어요. 1914년 8월 30일 독일 비행기 '타우버'가 파리 상공을 비행하다가 각기 1.8킬로그램짜리 폭탄 4개를 투하했어요. 사상자는 한 명도 발생하지 않았어요. 또 다른 독일 폭격기들이 1915년 초에 날아왔지만 큰 피해는 없었어요. 더욱이 파리 시민들은 그리 불안해하지도 않았어요. 오히려 호기심을 갖기까지 했어요. 고지대 다리 위에 자리를 잡고서 이 새로운 광경을 구경하는 시민들까지 있었어요.

고지대 몽마르트르 언덕에서는 독일 폭격기들이 비행하는 광경을 구경할 수 있도록 긴 의자들을 세워놓기도 했지요.

1915년, 전환점

1915년이 되자 모든 게 바뀌어요. 전쟁은 '전면전'이 되어요. 독일은 도시와 시민들도 공격하기로 결정해요. 1916년 1월 21일, 새로운 체펠린 폭격기가 파리 동쪽에 17개의 폭탄을 투하해, 26명의 사망자를 내요. 그러나 체펠린은 무겁고 조종하기가 까다롭고 튼튼하지 못했어요. 폭탄 투하로 살상이 가능했지만, 특히 한낮이어야 비행 중에 투하하기가 쉬웠어요. 결국 독일군은 좀 더 조종하기 쉽고 파괴력이 큰 또 다른 폭격기 고타 G를 개발했어요. 이 폭격기에는 세 사람이 탑승했어요. 조종사와 폭탄을 투하하는 사수, 그리고 제2 사수가 한 폭격기에 탔지요. 1917년 6월, 고타 비행중대가 처음으로 런던을 폭격했어요. 런던 시민 162명이 사망하고 426명이 다치는 큰 피해가 발생했어요. 프랑스의 참모 본부에서도 겁을 먹었어요.

기발한 아이디어!

독일의 고타 G 함대는 프랑스의 대공 사격을 피하기 위해서 밤에 비행했어요. 고타 G의 비행 체계는 매우 간단했어요. 달과 별, 빛을 발하는 지상의 몇몇 지점을 지표로 삼았어요. 이 점에 착안해 프랑스 군은 아주 간단하지만 대담한 아이디어를 냈어요. 파리 상공을 나는 독일 폭격기들에 거짓 지표를 준다는 계획이었죠! 조명 장치들을 이용해 파리가 다른 지점에 있다고 믿게 하면 되었어요!

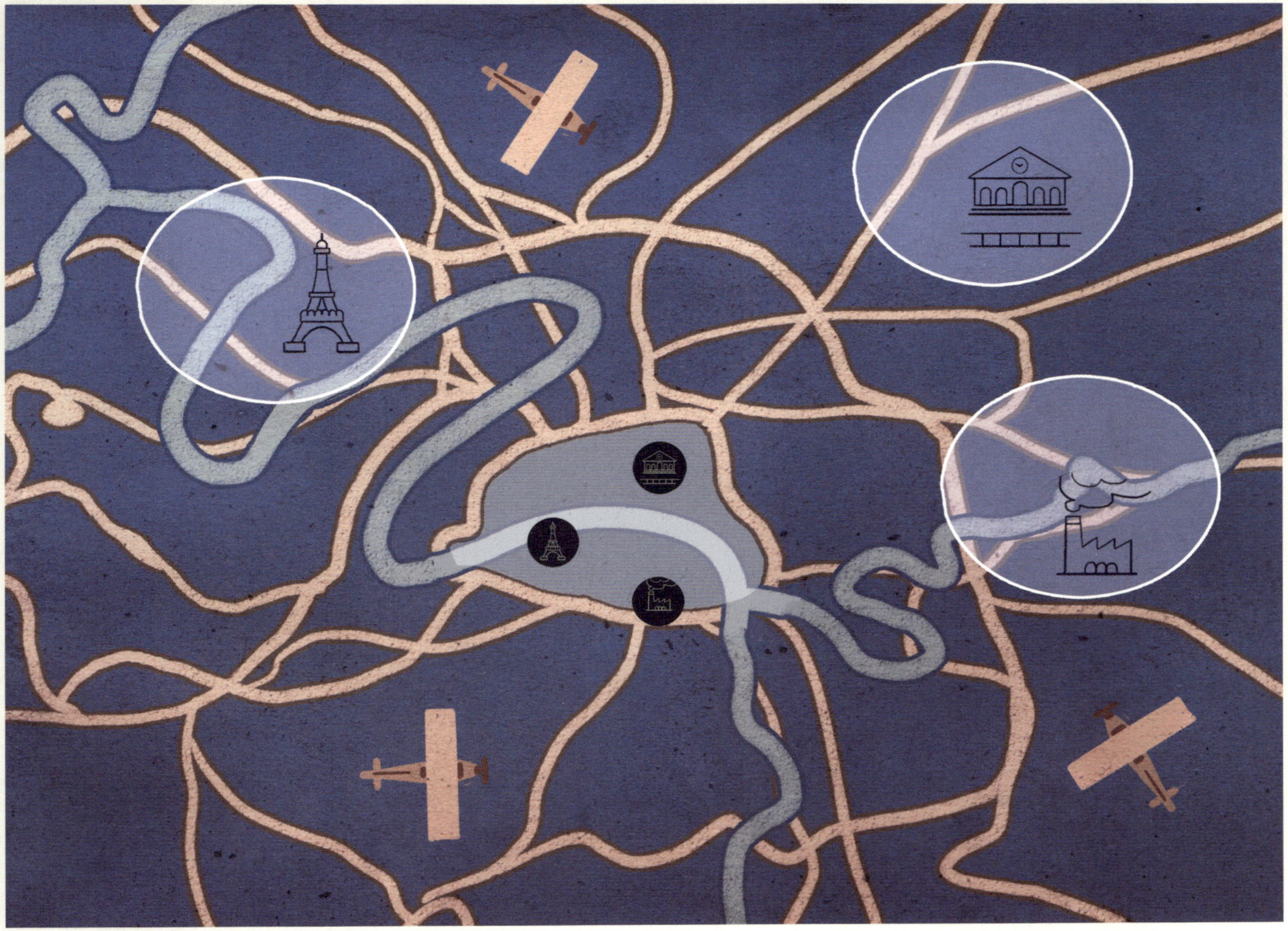

가짜 파리를 만들다

1918년 초, 결정이 내려졌어요. 프랑스 참모 본부는 가짜 파리의 불을 밝히기 위해서 이탈리아 장식가 페르난 야코포치에게 도움을 청해요. 평면도가 그려지고, 기술자와 전기 기사들이 움직였어요. 파리 시 전체를 세우는 계획은 아니었어요. 쉽게 알아볼 수 있는 세 구역이면 충분했어요. 한 구역은 파리의 북동쪽에 북부역과 동부역, 또 한 구역은 생제르맹 숲 근처의 북서 구역이었어요. 그곳에 센강이 파리에서 흐르는 것과 같은 모양으로 흐르는 지점이 있어서, 오페라 극장과 트로카데로, 마르스 광장, 샹젤리제 대로 등 유명 장소들을 그곳에다 복제할 계획이었어요. 마지막으로 남동쪽에는 공장들을 복원해 놓고요. 독일 비행사들이 그것들을 보고 파리의 주요 건물과 파리 근교라고 믿게 만들면 되었지요.

독일 비행사의 입장이 되다

밤이 되었어요. 독일 비행사는 가끔 지상에 있는 프랑스 사수들이 겨냥한 탐조등 빛을 받을 때가 있어요. 그러면 겁을 먹죠. 언제든 비행기가 사격을 받을 수 있고, 포탄이 가까이에서 터질 수도 있어요. 자세히 보지도 못해요. 목표물이 진짜인지 가짜인지 확실히는 알 수 없죠. 의심하게 돼요. 프랑스 군은 바로 이런 점을 노렸어요. 독일 비행사들이 의심하고 불안하게 만드는 것이었죠.

빛의 마술사

1877년, 이탈리아 피렌체에서 페르난 야코포치가 태어났어요. 그는 1900년에 파리로 와요. 거기서 백화점의 크리스마스 진열창의 장식화가로 일해요. 그는 곧 진열창의 회화 작품들을 빛나는 전구들로 바꿔요. 그의 작업은 주목을 받아요. 전쟁이 끝난 뒤, 그는 빛으로 가짜 역을 만들어 내었던 일로 '레지옹 도뇌르' 훈장을 받아요. 1920년대에 그는 25만 개의 전구들을 써서 처음으로 에펠 탑에 불을 밝혀요. 이 작업은 자동차 회사 시트로엥의 지원으로 제작되었어요. 이 회사명이 1925년부터 1934년까지 에펠 탑에 새겨졌어요. 빛을 이용한 첫 번째 광고가 탄생한 것이죠!

가짜 기차와 진짜 빛

1918년 페르난 야코포치가 파리의 북쪽 빌팽트에 가짜 역을 만들어 냈어요. 목재 건물들을 진짜 역 근처에 있는 공장들의 지저분한 유리 지붕처럼 보이도록 채색 천으로 덮었어요. 땅에 천들을 깔아 철로처럼 보이게 했어요. 기차는 나무판자들을 쌓아 만들었어요. 가짜 기차 옆에 조명을 밝혀 객차 안에서 빛이 새어나오는 것처럼 보이게 했어요. 하지만 움직이는 기차를 어떻게 표현할 수 있을까요? 또 한 번 빛의 장난이 필요했어요! 약 2킬로미터 거리에 전구들을 죽 늘어놓고서 몇 개씩 불을 밝혔다가 또 몇 개씩 꺼서 움직이는 듯한 인상을 주었어요!

실물 크기

첫 가짜 건물들의 설치 작업은 1918년 9월에 완성되었어요. 그러고 나서 1918년 11월 11일 휴전 합의가 이뤄졌어요. 가짜 파리의 전체 설치 작업이 실현되지는 못했어요. 이미 설치한 가짜 건물들도 전부 다 해체되었어요. 그 빛의 조형물들이 효과를 발휘했을지 알기는 불가능해졌어요. 전쟁이 끝난 뒤, 프랑스는 독일 역시 모조 건물들을 설치할 계획을 세웠다는 사실을 알게 돼요. 이후 가짜를 만들어 진짜를 보호한다는 아이디어는 더욱 발전해요.

화성인들의 침공!

1938년 10월 30일, 화성인들이 미국을 침공했어요. 수많은 미국인들이 라디오 방송에서 들은 말이에요! 어떤 사람들은 공포에 사로잡혀 피난을 가려고 했어요. 이튿날, 이렇게 미국을 공포에 몰아넣은 장난을 여러 신문이 규탄했어요. 그것은 스물세 살의 청년 오슨 웰스가 각색한 방송이었어요. 『우주 전쟁』이라는 유명한 공상과학 소설을 라디오 방송용으로 각색해 내보냈던 것이죠. 라디오 역사상 가장 놀라운 이야기를 들어보세요.

온 가족이 라디오 앞에 모이다!

오늘날에는 상상하기 어렵지만 1930년대 미국에서는 저녁이 되면 라디오 앞에 온 가족이 모였어요. 어떤 방송에서는 매우 기대되는 유명 인사를 초청했어요. 미국 가정의 80퍼센트가 집에 라디오를 두었어요. 당시에는 라디오가 가장 강력한 매체였지요. 많은 미국인이 라디오 방송을 좋아하고 신뢰했어요.

어릴 때부터 마술을 좋아하다

열 살의 오슨 웰스(1915~1985)는 인형극 무대, 분장도구 상자, 마술사 도구 한 세트 등 여러 선물을 받았어요. 어린 오슨은 분장하고 화장하고, 이야기를 지어내는 것을 좋아했어요. 연극에 관심이 많아 17세 때부터 연극을 했어요. 22세 때는 뉴욕에서 '머큐리' 극단을 창단했어요. 25세에는 자신의 첫 영화이자 영화사에 걸작으로 남은 〈시민 케인〉을 제작했어요. 그 영화에서 유력한 정치인으로 출세하는 한 언론사 사장 역을 자신이 직접 맡아 연기하기도 했어요. 그의 후기 작품 중에 〈진실과 거짓〉(1973)에서 그는 어떤 그림 위작자에 관한 모든 진실을 말하겠다고 알리는 마술사 역을 맡았어요!

두 웰스가 만나다

미국의 CBS 라디오 방송은 매주 월요일 저녁 8시면 '라디오 방송 극장'을 방송했어요. 그 방송에서 뉴욕 머큐리 극단의 배우들이 고전 작품들을 각색한 대본을 가지고 생방송으로 연기를 했어요. 23세의 오슨 웰스는 방송 프로그램과 연기자들을 동시에 관리했어요. 핼러윈 전날인 10월 30일 방송 대본으로, 공상과학 소설 『우주 전쟁』이라는 불안한 대본을 선택했어요. 그 소설은 1898년 영국 작가 허버트 조지 웰스가 쓴 작품이에요. 전날인 10월 29일 CBS 방송국 스튜디오에서 오슨 웰스는 단원들의 연기에 만족하지 못했어요. 너무 지루했어요. 그래서 형식을 완전히 바꿔, 사건이 바로 그날 그 시간에 실제로 일어나는 것처럼 방송하기로 결정했어요!

소설의 줄거리

H.G.웰스의 『우주 전쟁』(1898)의 내용은 다음과 같아요. 1894년 천문학자들이 화성을 관측하다가 화성 표면에서 특이한 빛들을 포착해요. 그 후, 화성에서부터 어떤 물체들이 영국에 착륙하지요. 화성인들은 살인 광선을 쏘고, 영국군은 화성에서 온 적들에 대항해요. 전쟁이 맹위를 떨치다 차츰, 지구 바이러스에 대해 면역력이 없는 화성인들이 죽어가요. 지구는 화성인들과의 전쟁에서 승리를 거두지요.

현실감을 주기 위한 몇 가지 비결

내무부장관 역을 맡은 배우는 프랭클린 D. 루스벨트(당시 미국의 대통령)의 목소리를 흉내 내 진짜 미국 대통령이 실제로 라디오에서 발표한다고 믿게 만들었어요.

또 다른 배우는 재난을 목격하고 공포에 휩싸인 리포터 연기를 했는데, 1년 전 미국인들을 경악하게 만들었던 실제 사건을 현장에서 보도한 기자의 어조를 따라했어요. 1937년 독일의 비행선 하나가 미국 뉴저지 주에 폭발하면서 떨어져 미국인들이 놀랐던 사건이 있었어요.

음향 효과와 음성이 매우 사실적이었어요.

불안하게 만드는 소음을 (폭발음, 공포에 휩싸인 듯한 배우들의 비명) 규칙적으로 내보냈어요.

비행접시가 열리는 소리를 내기 위해 다양한 시도를 했어요. 절임용 병뚜껑을 여는 소리에 이어 전구 소켓을 돌려 끽끽 소리가 나게 했어요.

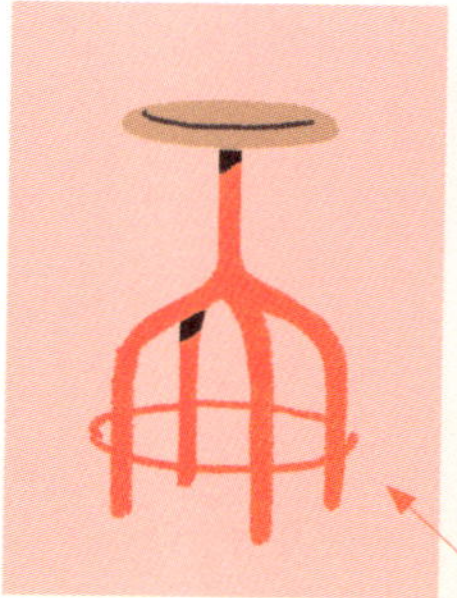

마지막으로 등 받침 없는 의자의 높낮이를 맞출 때처럼 나사를 돌렸어요.

방송의 처음

오손 웰스는 청취자를 사로잡는 데 집착했어요. 청취자들에게 화성인에 대한 이야기를 믿게 만들어야 했어요. 10월 30일 오후 8시, 뉴욕 CBS 타워 21층에서 약 50명(배우, 음악가, 음향 효과 전문가)이 방송실에 모여 1시간 동안 생방송을 했어요. 처음 방송 프로그램의 제목이 나오고, 웰스는 그날 저녁 약 3,200만 명의 미국인이 라디오를 듣고 있다고 말했어요. 그 다음에는 일기예보와 음악 프로그램이 방송되었어요.

마치 실제처럼…

그리고 사회자가 뉴스 특보를 전했어요. "신사 숙녀 여러분, 잠시 음악 프로그램을 중단하고 특보를 전해 드리겠습니다. 현지 시각 저녁 7시 40분, 시카고의 마운트 제닝스 전망대의 파렐 교수는 화성 표면에서 규칙적으로 가스 폭발이 일어나는 것을 목격했다고 보고했습니다…." 음악 방송 프로그램을 다시 내보내다가, 또다시 중단하고 뉴스 특보를 전했어요. 이 기이한 현상을 두고 유명 천문학자를 인터뷰했어요. 이게 다 마술사 웰스의 각본이었지요.

연이은 특보

점점 더 자주, 그리고 점점 더 긴급하게 뉴스 특보를 내보냈어요. 비행선들이 뉴저지 주에 착륙했다고 알렸어요. 현장으로 특파원이 급파되고, 실제 비행선을 목격했다는 목격자들도 나왔어요. 군대가 투입되고 전투가 시작되었어요. 웰스와 팀원들은 온갖 방법을 동원해 청취자들이 허구와 현실을 구분하지 못하게 했어요. 결과는 매우 성공적이었어요! 저녁 8시 15분, CBS 라디오 방송국에 사실인지 거짓인지 알고자 하는 청취자들의 문의 전화가 빗발쳤어요.

저녁 8시 30분, CBS 경영진은 웰스에게 허구임을 명확히 밝히며 방송을 중단하라고 요구했지만, 그는 듣지 않았어요. 전화 문의가 점점 더 많아졌음에도 끝까지 갔어요. 심각한 목소리로 이렇게 방송을 끝맺었어요. "오늘 얻은 교훈을 잊지 마시기 바랍니다. 비웃음을 띤 불그스름한 구체가 오늘 저녁 여러분의 안방을 침입했는데, 그건… 바로 호박입니다. 초인종 소리에 문을 열었는데 아무도 없다면, 그건 화성인들이 아닙니다. 오늘은 핼러윈 데이니까요."

오손 웰스
음악가들
마이크 앞의 배우들
음향 효과 전문가들

수사가 시작되다

저녁 9시 방송이 끝났을 때, 방송 녹음실에 (진짜!) 경찰과 기자들이 들이닥쳤어요. 오슨 웰스와 이 프로그램의 공동 제작자는 CBS 방송국 건물 지하로 비밀리에 연행되어 조사를 받았어요. 경찰이 물었어요. "당신들 때문에 교통사고가 나 사람들이 죽었다는 사실을 아십니까?" 그 후로 며칠간 CBS 방송국과 웰스에게 수많은 편지가 왔어요. 어떤 것은 칭찬의 편지였지만 또 어떤 것들은 심하게 비판하는 편지였어요. 수사는 5주간 진행되었어요.

공황 또는 아무 일도 아님?

10월 31일, 이 사건은 미국 일간지들의 1면을 차지했어요. 〈데일리 뉴스〉의 제목은 '라디오 방송국에서 지어낸 전쟁이 미국에 공포 분위기를 퍼뜨리다.' 〈뉴욕 타임스〉는 '청취자들, 전쟁을 실제로 여기고 공포에 휩싸이다.'라고 전했어요. 〈보스턴 헤럴드〉는 '이른바 화성인의 침공이 나라를 공포에 빠뜨리다.'라고 전했어요. 오슨 웰스의 방송 때문에 정말로 미국인들이 두려움에 사로잡혔을까요? 꼭 그렇지는 않았어요. 물론 실제로 불안을 느낀 사람들도 있었겠지만 신문들이 현상을 과장해서 보도했어요. 신문들은 몇몇 증언에만 근거해서 기사를 썼어요. 10월 30일 저녁 8시에서 9시 사이 CBS 라디오 방송을 들은 청취자 수는 몇 천 명을 넘지 않았으니까요.

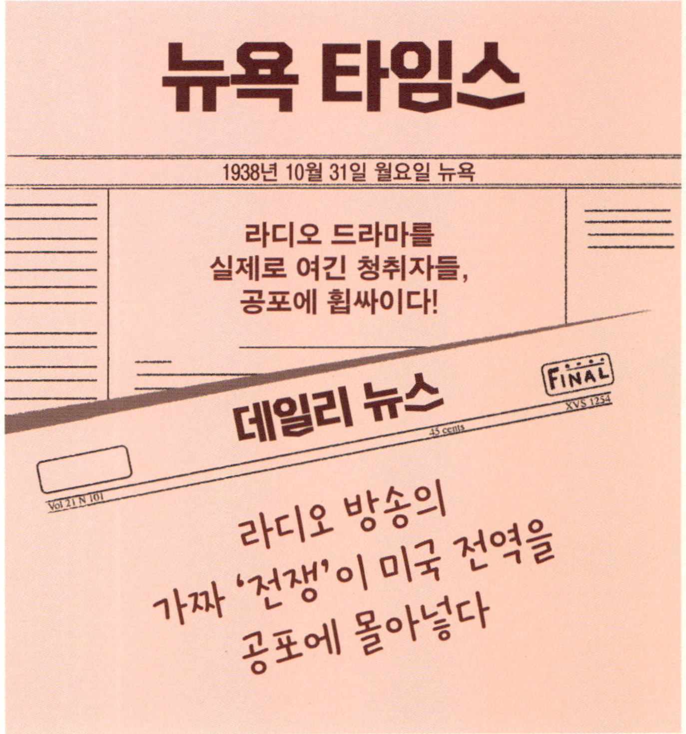

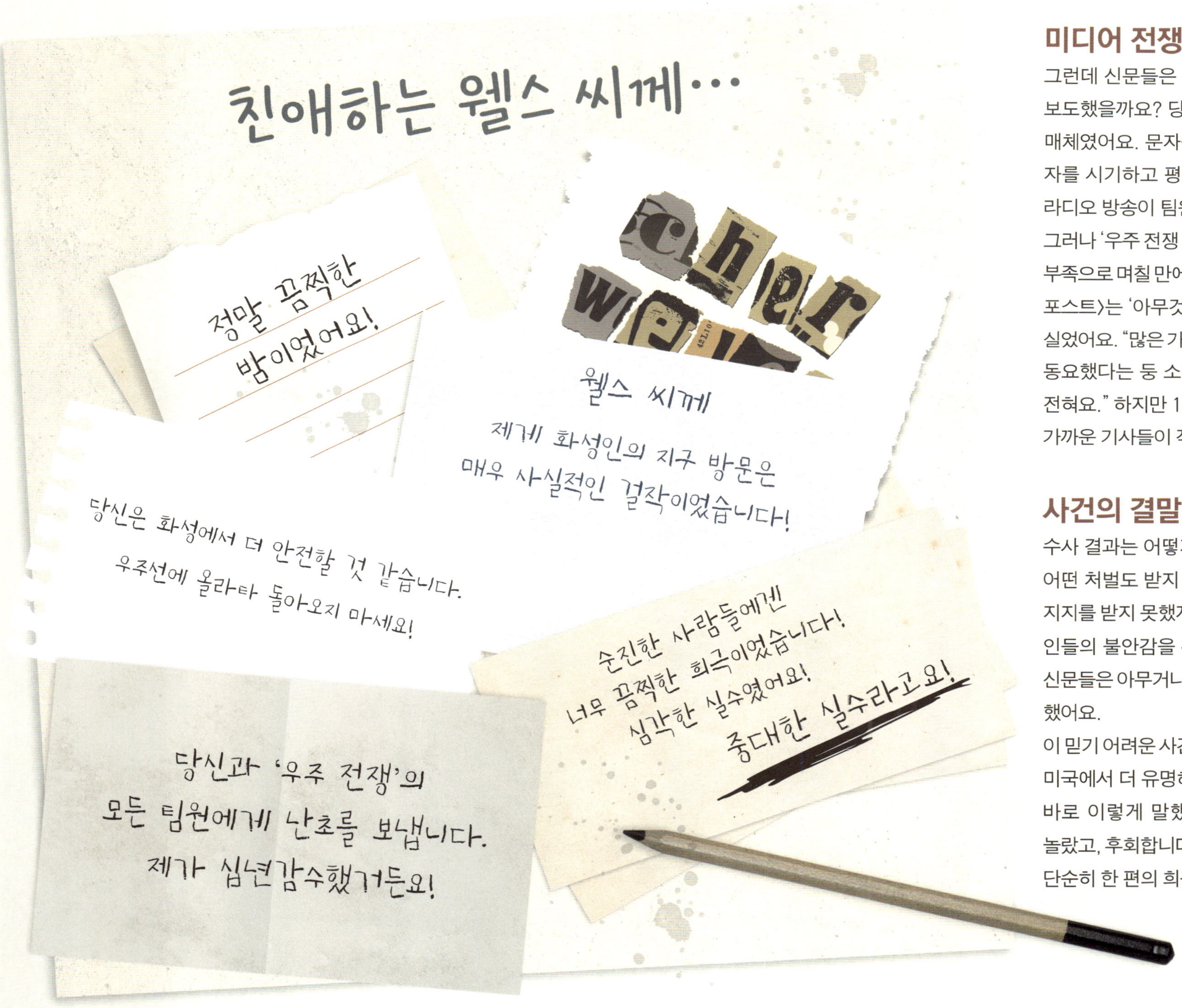

미디어 전쟁

그런데 신문들은 몇몇 미국인의 동요를 왜 그렇게 상세히 보도했을까요? 당시 라디오는 한창 상승세를 타는 새로운 매체였어요. 문자를 이용한 언론 매체들은 이 새로운 경쟁자를 시기하고 평판을 떨어뜨리려 애를 썼어요. 신문들은 라디오 방송이 팀원들을 통제하지도 못한다고 비판했어요. 그러나 '우주 전쟁 사건'과 관련된 자극적인 기사들은 현실성 부족으로 며칠 만에 쏙 들어갔어요. 사건 발생 4일 뒤, 〈워싱턴 포스트〉는 '아무것도 목격하지 못한' 증언자의 말을 기사로 실었어요. "많은 가게에서 라디오를 틀어 놓았는데, 사람들이 동요했다는 둥 소위 공포감을 전혀 목격하지 못했습니다. 전혀요." 하지만 1주 동안 이 사건과 관련해 약 12,000건에 가까운 기사들이 작성되었어요!

사건의 결말

수사 결과는 어떻게 되었을까요? CBS 방송국이나 웰스는 어떤 처벌도 받지 않았어요. 그들에게 제기된 어떤 소송도 지지를 받지 못했지요. 그 후로 수개월, 수년 간 언론은 미국인들의 불안감을 부풀렸다고 빈번히 비판 받았어요. 어떤 신문들은 아무거나 믿는 미국인들의 어리석음을 비판하기도 했어요.

이 믿기 어려운 사건의 결말은 오슨 웰스가 직접 한 말 때문에 미국에서 더 유명해졌어요. 그는 10월 31일, 기자회견에서 바로 이렇게 말했어요. "당연히, 우리는 어제저녁 일로 놀랐고, 후회합니다… 화성인의 침공을 믿다니요? (…) 그건 단순히 한 편의 희곡일 뿐이었습니다!"

상륙 작전, 사실인가 거짓인가?

1943년 유럽, 4년 전부터 전쟁이 맹위를 떨치고 있었어요. 초반에 승세를 타던 독일의 전세가 약해지고 있었어요. 독일에 맞선 연합군(영국, 미국, 러시아)은 빨리 전세를 역전시킬 방법을 찾고 있었지요. 전략들이 있었는데, 성공하려면 비밀을 유지해야 했어요. 여기서부터 엄청난 교란 작전이 시작돼요. 그중에 영국 비밀정보부*MI5*가 중요한 역할을 한 여러 가지 작전이 있어요. 가장 놀라웠던 세 가지 작전을 살펴봐요.

"전쟁 중에는 진실이 너무나 귀중하므로 거짓말을 해서라도 언제나 지켜야 한다."

영국의 수상, 윈스턴 처칠
1943년 11월 30일

‘다진 고기’ 작전

1943년 4월 30일, 스페인의 한 어부가 안달루시아 해안에서 남자 시체 한 구를 발견했어요. 열쇠로 잠긴 작은 트렁크가 시체의 손목에 사슬로 연결되어 있었어요. 남자와 트렁크를 전달받은 스페인 당국은 그것들을 다시 독일군에 보내요. 시체와 자료를 검토한 독일군은 모든 게 사실이라고 결론 내려요. 그 시체가 어떻게 해안에 도착했는지는 알아내지 못했어도 말이죠. 영국 정보부와 해군이 준비한 ‘다진 고기’ 작전이 실행되었지요.

마틴이라는 성의 영국 남자

시신의 신원이 밝혀지고 자료들이 분석되었어요. 시신의 신원은 영국 왕립해병대 장교 윌리엄 마틴이었어요. 그는 팸이라는 젊은 여성과 약혼한 사이였어요.(트렁크에서 여러 장의 연애편지와 사진 한 장이 발견되었어요.) 1943년 4월 22일 날짜의 티켓은, 그가 연극을 보았다는 사실도 알려 줬어요. 게다가 서류들은 연합군의 상륙 작전 두 건이 남부 유럽, 곧 사르데냐와 그리스에서 진행될 것을 예고했어요. 여러 장의 편지들은, 진짜 상륙 작전이 시칠리아에서 펼쳐질 것임을 독일군이 절대적으로 믿게 해야 한다고 강조하고 있었어요!

‘완전히 삼켜진 다진 고기’

한 달 뒤, 영국 신문 〈타임스〉는 윌리엄 다틴 장교를 비롯해 영국군의 손실에 대한 기사를 냈어요. 독일군은 시체와 자료들을 마치 전혀 보지 않은 체하며(사실은 전부 다 사진 찍어 놓았어요.) 영국에 돌려줘요. 이어 윈스턴 처칠과 미국 대통령에게 메시지가 전달돼요. ‘다진 고기를 다 삼켰음!’ 히틀러는 그리스와 사르데냐에 병력을 보강하기로 결정해요. 1943년 7월 10일, 연합군 병력이 정말로 시칠리아에 상륙했어요.

완벽한 시신

이 이야기를 어떻게 만들어 냈을까요? ‘완벽한’ 시신을 발견하는 게 먼저였어요. 시신의 진짜 이름은 글린더 마이클이라는 노숙자로, 그는 폐렴으로 사망했어요.(폐렴 사망자는 익사자와 비슷한 신체 특징을 나타내요.) 영국 정보부는 이 시신에 새로운 신분을 부여했어요. 새 이름과 약혼녀까지 붙여 줬죠. 트렁크에 넣은 사진은 사실 MI5 요원의 사진이었어요. 물론 다른 서류들은 모두 꾸며낸 것이고, 사실감을 주기 위해서 진짜 자료도 조금 섞어 놓았어요!

한 무덤에 이름 두 개

1996년, 한 역사가가 ‘다진 고기’ 작전에 쓰인 시신의 진짜 신원을 밝혀냅니다. 그 후로 스페인 우엘바에 있는 무덤에는 두 개의 이름이 적혔어요.

일급비밀로 분류된 기상 실험

글린더 마이클의 시신은 얼음으로 채운 강철 상자에 보관해서 마틴 장교의 의복을 입힌 뒤, 스코틀랜드에서 스페인 해변까지 잠수함으로 비밀리에 운반되었어요. 함장은 마치 일급비밀 기상 실험인 것처럼 부하들에게 상자를 물에 던지라고 했어요. 시신에 구명조끼를 입히고 트렁크를 시신의 손목에 연결한 다음 전부 다 물에 던졌어요.

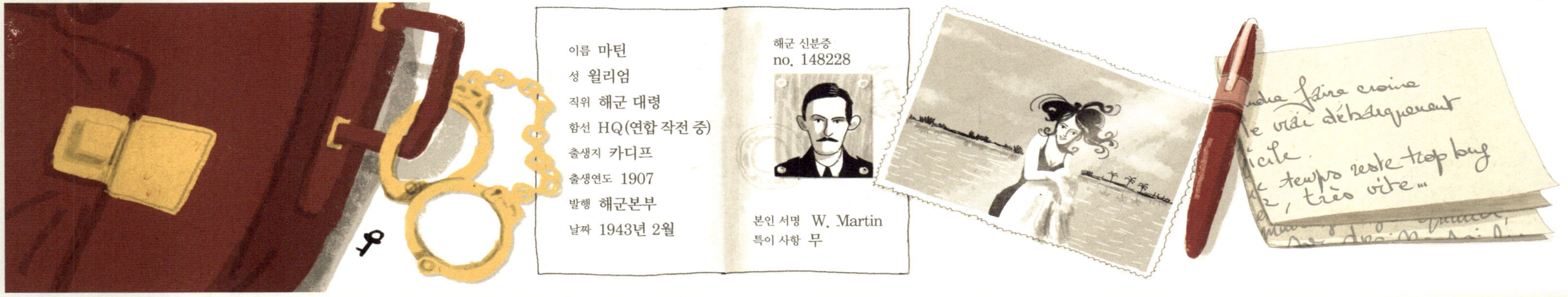

퀵실버 작전

1943년 말, 연합군은 노르망디 상륙 작전을 펴기로 합의했어요. 독일군은 연합군이 프랑스 북부 파드칼레 지방으로 상륙할 것이라고 확신했어요. 그래서 그 지역에 여러 사단을 그대로 배치시켰어요. 퀵실버('변덕스러운'이라는 뜻의 영어) 작전의 목적은 파드칼레 지방으로 연합군이 상륙할 것이라고 독일군이 계속 믿게 하는 것이었어요.

부풀린… 계획!

영국 남동부에 이상한 군 병력이 배치되었어요. FUSAG(First United States Army Group, 미국의 위장 군집단)은 공기주입식으로 부풀린 전차와 대포들을 배치했어요. 이 부대의 군인은 연기자거나 퇴역한 군인들이었어요. 이들은 가짜 배지와 나무 무기들을 보유했어요. 작전 수행도(군과 전차 이동) 수없이 했어요. 독일군은 그 지역 상공을 비행하며 감시했기 때문에, 연합군이 진짜 상륙 작전을 준비하고 있다고 믿었어요. 마침내 FUSAG의 진짜 수장, 미국의 유명한 패튼 장군이 나왔어요. 독일군도 그의 대단한 수훈을 알고 있었어요. 패튼 장군이 작전을 지휘한다면 대단히 중요한 작전일 게 틀림없었지요!

FUSAG의 배지. 군복에 붙인 배지로, 군인이 (진짜!) 군에 속해 있음을 알려 줌.

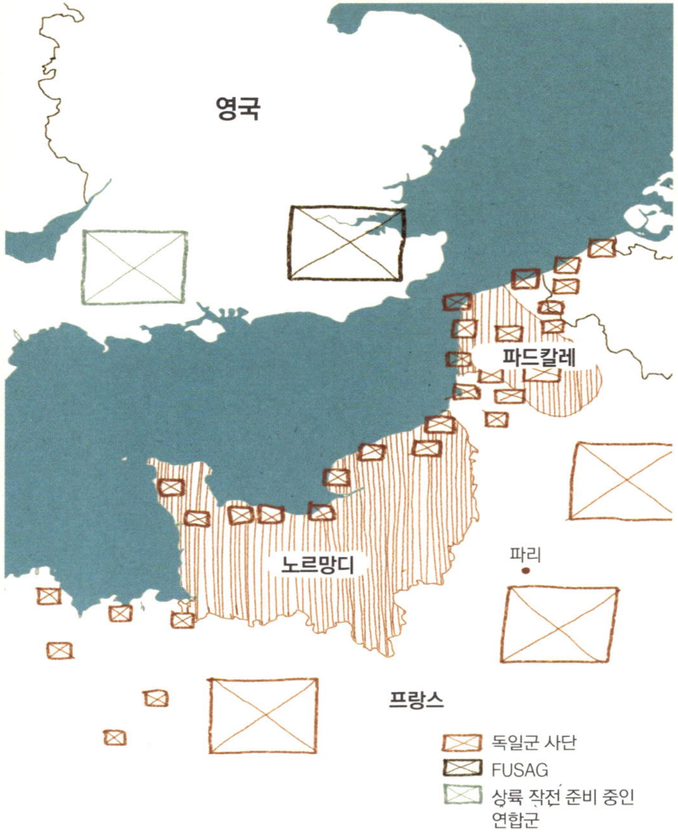

거짓 메시지

FUSAG의 신뢰를 높이기 위해 수많은 무선 메시지를 전송해(1944년 4월에서 6월 사이 13,818건!) 독일군이 중간에서 가로채 듣도록 만들었어요. 연합군이 영불해협을 건너 파드칼레에 상륙하기 위해서 활발히 준비하고 있다고 독일군이 믿도록 말이에요. 미디어 역시 거짓 뉴스들을 내보내 독일군을 속이는 데 한몫 했어요. 군인들 간의 가짜 축구 경기 결과를 알리고 가짜 결혼 소식을 내보내기도 했어요. 영국 정보부 MI5 또한 혼란을 부추겼어요. 여러 명의 이중 스파이들이 독일 정보부에 가짜 정보들을 전달했어요.

제임스 본드의 실제 모델

영국을 위해 일하는 이중 스파이들 중에 두잔 포포프라는 사람이 있어요. 영국인들에게는 일명 '트라이시클'로, 독일군에게는 '이반'이라는 이름으로 통했어요. 그는 사업가라는 가짜 신분 하에 독일군에게 진짜와 가짜가 섞인 정보들을 전달했어요. 그는 포르투갈 여행 중에 MI5의 또 다른 스파이인 플레밍과 마주쳐요. 나중에 그가 제임스 본드라는 영웅을 만들어 냈어요. 플레밍은 포포프라는 인물이 겪은 사건들에서 영감을 얻었어요.

대성공!

독일군은 파드칼레에 독일군 15,000명을 여러 달 동안 계속 주둔시키다가 1944년 8월에서야 이동시키기로 결정했어요. 하지만 그때는 너무 늦었어요. 1944년 6월 6일, 연합군의 상륙 작전이 노르망디에서 실행되었지요.

너무 가벼운 전차!

타이어 회사 ‘굳이어 앤 굿리치는
고무로 되어 부풀려지는 전차들을
(전차 M4의 모양을 복제한 것) 생산했어요.

코퍼헤드 작전

독일군의 주의를 다른 데로 돌려 노르망디 상륙 작전을 숨기기 위한 또 다른 작전이 있었어요. 암호명, 코퍼헤드였어요. (알록달록한 꼬리를 흔들면서 무는 독사를 뜻하는 영어). 1943년, 군의 영상기록부는 배우 데이비드 니븐에게 군에 대해 좋은 이미지를 줄 영화에 출연할 준비를 하라고 했어요. 또 다른 배우 피터 유스티노프는 대본을 쓸 임무를 맡았어요. 그 다음에는 배우들을 찾아야 했어요. 데이비드 니븐은 매우 특별한 역을 맡아 연기할 배우를 찾아야 했지요.

몬티와 꼭 닮은 사람

바로 몽고메리 장군의 대역을 할 배우를 찾아 훈련시키는 것이었어요. 1942년 이후 '몬티'(몽고메리 장군의 별명)는 북아 프리카에서 영국군의 사령관을 맡았어요. 중요한 인물이고 독일군이 매우 주시했죠. 그가 어디에 있다면 그곳에서 매우 중요한 일이 준비되고 있다는 뜻이었어요. 배우 클리프톤 제임스가 선발되었어요. 처음에는 그에게 군 선전 영화에 출연한다고 해 두었다가, 얼마 뒤 영화가 아닌 실제 상황에서 몽고메리 장군의 역을 연기해야 한다고 다시 알렸어요.

장군 교육

클리프톤 제임스는 장군을 만났고, 장군이 군인들에게 말하는 장면을 찍은 영상들을 많이 보았어요. 말하고 걷고 악수하는 방식처럼 태도까지 흡사해야 진짜 장군이라고 믿을 수 있으니까요. 데이비드 니븐과 피터 유스티노프는 클리프톤 제임스를 도와 수도 없이 반복하게 했어요. 몇 주 뒤, 배우는 맡은 역할을 해낼 준비가 되었어요.

클리프톤 제임스와 몬티가 만나다

"그분을 마주하니 거울 앞에 선 듯한 느낌이었다. 놀랍도록 흡사했다. (…) 나중에 나는 우리가 어린 시절부터 참으로 닮았다는 사실을 알게 되었다."

M. E. 클리프톤 제임스, 『나는 몬티의 대역 배우였다』

초연

데뷔는 영국 수상 윈스턴 처칠과의 공모로 이루어졌어요. 클리프톤 제임스는 런던에서 국민들의 환호를 받으며 수상의 자동차에 올라탄 뒤, 지브롤터행 비행기를 탔어요. 다음 날 일간지는 '몽고메리 장군, 수상의 전용기를 타고 런던을 떠나다!'라고 제1면에 보도했어요. 거짓말이 시작되었지요.

303 계획

1944년 5월 26일, 지브롤터에 도착한 몬티를 닮은 배우는 프랑스 남부를 공격하기 위해 연합군이 세운 303 계획을 암시적으로 언급해요. 스파이들은 이 연설을 듣고 독일군에게 잘못된 정보들 전달하지요. 그러고 나서 대역 배우는 이집트 카이로의 한 호텔에 머물러요. 그동안 몽고메리의 병사들과 니븐은 며칠 뒤 진짜로 노르망디 해변으로 진군할 모든 준비를 마쳤죠.

528 US

글쓴이

이자벨 루비오 Isabelle Louviot

사회과학을 공부한 뒤(프랑스 파리 정치대학 시앙스포), 아동 청소년을 위해 오랫동안 일했어요. 학교에서 사용할 수 있는 책들, 역사지리, 프랑스어 등의 교재를 만들었어요. 또한 청소년들에게 글쓰기를 가르쳐주는 단체 '라보 데 이스투아르'에서도 활동했어요. 『역사 속 진실과 거짓』은 우리나라에 처음으로 소개되는 책이에요.

그린이

아르노 클레르몽 Arnaud Clermont

에밀 콜 미술학교를 졸업한 뒤 영화에 큰 관심을 갖게 되었어요. '디즈니 사'에서 일한 경험이 있고, 현재는 패션 그룹에서 섬유 디자이너로 일하고 있으며, 어린이책 그림 작가로도 활동하고 있어요. 우리나라에 나온 책으로는 『역사 속 크라임씬』, 『역사 속 진실과 거짓』이 있어요.

실뱅 도랑주 Sylvain Dorange

장식 미술을 전공하고, 로베르 게디기앙 감독의 세 영화를 애니메이션으로 각색했어요. 음악과 영화, 그래픽 예술을 무척 좋아해요. 오디오북 『숲 속의 마르타』의 글과 음악을 공동으로 쓰고 만들었으며, '페스트 사운드' 그룹에서 음악 앨범 녹음 작업을 하고, 정기적으로 애니메이션의 삽화도 그리고 있어요. 우리나라에 나온 책으로는 『헤디 라마, 가장 경이로운 배우』, 『역사 속 진실과 거짓』이 있어요.

조안 파팽 Johan Papin

2006년 조형예술 석사학위를 얻은 뒤, 피보 미술학교(낭트)에서 애니메이션 영화를 공부했어요. 장식가, 삽화가, 연출가, 합성연출가, 조감독, 그리고 감독으로서 다양한 아동 청소년 애니메이션 스튜디오에서 작업했어요. 2013년 동료들과 함께 '메시외르담'이라는 단체를 만들었어요. 『역사 속 진실과 거짓』은 우리나라에 처음으로 소개되는 책이에요.

옮긴이

박선주는 1975년 서울에서 태어나 세종대학교 국어국문학과를 졸업했어요. 이화여자대학교 통번역대학원 한불번역과에서 공부한 뒤, 오랫동안 출판사에서 근무하다 지금은 전문 번역가로 활동하고 있어요. 그동안 옮긴 책으로는『병에서 나온 형』,『생각이 켜진 집』,『은밀하고 위대한 변신도감』,『역사 속 크라임씬』,『신나게 놀면서 슈퍼 히어로』,『역사 속 진실과 거짓』등이 있어요.

LE JOURNAL DES MYSTÈRES:
Mensonges... ou vérités dans l'histoire?

미스터리 탐정 신문
역사 속 진실과 거짓

펴낸날 초판 1쇄 2022년 4월 30일
글쓴이 이자벨 루비오 | **그린이** 아르노 클레르몽, 실뱅 도랑주, 조안 파팽
옮긴이 박선주 | **펴낸이** 정현문 | **편집** 조민선, 남진솔 | **마케팅** 신유진 | **디자인** 이정민
펴낸곳 책과콩나무 | **출판등록** 제2020-000163호 | **주소** 서울시 영등포구 양평로 157, 1212호
전화 02-3141-4772(마케팅), 02-6326-4772(편집) | **팩스** 02-6326-4771
이메일 booknbean@naver.com | **블로그** http://blog.naver.com/booknbean
인스타그램 www.instagram.com/booknbean01
ISBN 979-11-89734-81-7 (73400)

Le Journal des Mystères